劳动者权益维护案例评析 100例

曹晓宏 ◎ 编著

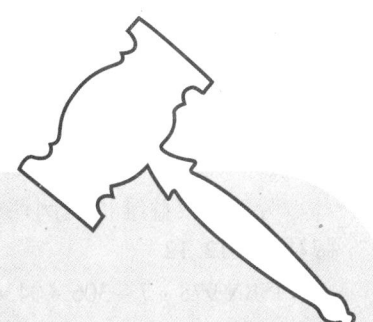

中山大学出版社
·广州·

版权所有　翻印必究

图书在版编目（CIP）数据

劳动者权益维护案例评析 100 例/曹晓宏编著. —广州：中山大学出版社，2012.12
ISBN 978-7-306-04363-4

Ⅰ.①劳… Ⅱ.①曹… Ⅲ.①劳动法—案例—中国 Ⅳ.①D922.505

中国版本图书馆 CIP 数据核字（2012）第 264202 号

出 版 人：祁　军
策划编辑：王小莉　王　睿
责任编辑：王　睿
封面设计：林绵华
责任校对：陈　霞
责任技编：何雅涛
出版发行：中山大学出版社
电　　话：编辑部 020-84111996，84113349，84111997，84110779
　　　　　发行部 020-84111998，84111981，84111160
地　　址：广州市新港西路 135 号
邮　　编：510275　　　传　真：020-84036565
网　　址：http://www.zsup.com.cn　　E-mail:zdcbs@mail.sysu.edu.cn
印 刷 者：佛山市浩文彩色印刷有限公司
规　　格：787mm×960mm　1/16　13.25 印张　202 千字
版次印次：2012 年 12 月第 1 版　2014 年 9 月第 4 次印刷
定　　价：28.00 元

如发现本书因印装质量影响阅读，请与出版社发行部联系调换

序

当前，我国改革推进到攻坚破难的关键时期，各项社会事业正处于快速发展期，同时各种矛盾也日益凸显。随着工业化、城镇化进程的迅速推进，劳资关系已涵盖绝大部分的社会经济领域，劳资矛盾正在成为影响整个中国社会能否安全运行最为重要的社会矛盾。党中央十分重视解决包括构建和谐劳动关系在内的民生问题。党的十七届五中全会和中央经济工作会议强调指出："坚持把保障和改善民生作为加快转变经济发展方式的根本出发点和落脚点，要认真解决人民群众最关心、最直接、最现实的利益问题，实施更加积极的就业政策，促进就业，构建和谐劳动关系，加强劳动执法，完善劳动争议处理机制，改善劳动条件，保障劳动者权益。"加强保障和改善民生，着力促进和谐劳动关系，构建社会主义和谐社会，成为我国未来五年以至更长时期内面临的重要任务。

坚持以科学发展观统领人力资源和社会保障工作的全局，着力解决劳动者由于年老、疾病、伤残、死亡、失业及其他风险灾难而导致的生存困难，构建和谐劳动关系，是巩固党执政基础的必然要求，是建设社会主义和谐社会的重要内容，是推动经济社会又好又快发展的重要条件。这给人力资源和社会保障工作提出了新要求。人力资源和社会保障部门作为社会保障体系的核心部门，担当着推动社会科学发展、促进和谐劳动关系、保持社会稳定的重要职责。举凡劳动者就业和再就业、劳动者职业培训及其技能鉴定、劳动者劳动合同纠纷及其仲裁、公平有序就业市场和劳动者合法权益的维护、规范劳资双方行为、净化人力资源市场环境以及实现社会保险费用应收尽收与应保尽保等等，无不关系着劳动者的切身利益。因此，人力资源和社会保障部门工作的好坏与否，直接关系着全体劳动者的切身利益。

作为从事人力资源和社会保障工作的机构和人员，要做到以下三个方面：首先，要以和谐劳动关系为目标，认真履行职责，切实发挥社保机构的职能作用；要坚持企业发展和维护职工权益相统一，调动劳动关系主体双方的积极性、主动性，推动企业与职工群众协商共事、机制共建、效益共创、利益共享，充分发挥社会保障人民生活"安全网"和社会"稳定器"的作用。其次，要认真学习"三法一费一条例"。以《劳动合同法》、《劳动争议调解仲裁法》、《就业促进法》、《社会保险法》、《劳动合同法实施条例》为重点，认真学习贯彻实施劳动法律法规，解决一些地方和企业存在的有法不依、执法不严的问题，把劳动关系的建立、运行、监督、调处的全过程纳入法制化轨道。最后，要构建和谐劳动关系的长效机制，建立综合运用调解、争议处理、劳动保障执法监察手段协调劳动关系的长效机制，切实保障劳动者合法权益，为实现我市"十二五"稳定发展、和谐发展作出新的贡献。

曹晓宏同志作为从事人力资源和社会保障工作的一员，以自己实实在在的行动，诠释着社会保障工作者的努力和追求。为使广大职工群众学习、了解、认识自己应享有的基本权利，提高自我保护意识，满足其维护自身合法权益的需要，曹晓宏同志在认真完成本职工作的同时，利用业余时间收集、整理、编写了《劳动者权益维护案例评析 100 例》一书。该书是作者多年坚持不懈学习、刻苦钻研的结晶，是作者多年处理劳动争议工作实践经验的总结，也是广大一线人力资源和社会保障工作者默默奉献、辛勤工作、开拓创新、积极进取的一个缩影。

曹晓宏同志长期从事人力资源和社会保障工作，先后在社会养老保险、劳动争议仲裁、培训就业、财务审计等岗位工作，对劳动关系和社会保障工作十分熟悉。20 多年来，他热爱本职工作，干一行，专一行，始终坚持以服务对象满意为标准，能够将《劳动争议调解仲裁法》中对受案范围、争议管辖、申请时效、仲裁裁决以及办案时限等方面的一系列新规定，及时运用到劳动争议仲裁实践当中，最大限度地维护了劳动争议当事人的合法权益，得到领导、同事的肯定和认可，特别是获得广大干部职工的一致好评。在长期的劳动争议仲裁工作中，他勤于思考，潜心钻研，善于创新，取得了较为丰硕的成果：先后撰写并发表了 40 余篇有关社会保险、劳动关系及劳动者维权方面的论文；2009 年 9 月，编著出版了《劳动争议案例评析 100 例》，该书被国家新闻出版总署推荐到"2010—

2011年农家书屋重点出版物推荐目录",2011年5月被列为广东省农家书屋政府采购工程项目,2011年9月获平凉市"第三届社会科学优秀成果一等奖",社会效益十分明显。

《劳动者权益维护案例评析100例》依据现行的法律、法规和国家政策,介绍了劳动者应享有的基本权利,以及维护合法权益的方法和途径。全书主要收集、编著了100例劳动者维权方面的案例,运用法律、法规来分析用人单位的侵权现象和违法行为以及职工维权的方法,便于劳动者更好地维护自身权益。

《劳动者权益维护案例评析100例》构思新颖、内容翔实、案例生动、语言通俗,具有较强的可读性和实用性。该书适合劳动争议当事人员、劳动保障监察人员、律师、法官、企业管理人员、广大企业职工阅读,也可作为人力资源和社会保障系统工作人员普法培训教材,即将由中山大学出版社出版发行,可喜可贺。

作者约我写序,思考再三,写了上述文字,盼早日付梓,是为序。

平凉市委组织部副部长
平凉市人力资源和社会保障局局长 樊文浩
平凉市劳动人事争议仲裁委员会主任
二〇一二年三月

目 录

案例一	公司违法注销股东是否应当承担工伤赔偿责任	1
案例二	医疗期内劳动者能否与用人单位签订无固定期限劳动合同	3
案例三	冒用他人姓名与用人单位签订了劳动合同，能否认定双方之间存在劳动关系	5
案例四	职工用经济补偿金换来的股权是否合法有效	7
案例五	工伤认定中"48小时"如何界定	9
案例六	引发劳动争议的双重劳动关系	11
案例七	约定这样的劳动合同终止条件有效吗	13
案例八	用人单位不能随心所欲自定规则	15
案例九	用人单位与劳动者签订的保密协议可以解除吗	17
案例十	劳动者所持用人单位的股份能否退出	19
案例十一	追缴社会保险费有无时效规定	21
案例十二	出国研修的劳动者与劳务派遣公司之间能否构成劳动关系	23
案例十三	劳动者能否以用人单位未办理社会保险为由要求支付经济补偿金	25
案例十四	雇用司机驾驶挂靠车辆发生交通事故受伤谁该担责	27
案例十五	劳动者的身份证过期，用人单位就可以解除劳动合同吗	29
案例十六	王某的工伤待遇应当由谁来承担	30
案例十七	营业执照被注销，谁来承担鲜某的工伤赔偿责任	32
案例十八	劳动者的两段工作年限是否可以合并计算	34
案例十九	劳动者的人事档案丢失，由谁承担责任	36
案例二十	不服部分裁决是否导致裁决结果无效	38
案例二十一	人民法院可否对政府规章的效力进行判定	40
案例二十二	劳动者要求支付50%的赔偿金投诉是否应当受理	42
案例二十三	该拿的提成没有拿到，劳动者敢离职吗	44
案例二十四	劳动者上下班途中遭遇车祸致伤能否得到双重赔偿	46
案例二十五	劳动者采用哪种维权方式更有效	47

案例二十六	劳动者能否在医疗期内向用人单位提出辞职	49
案例二十七	谁来承担计件工资标准举证责任	51
案例二十八	合同约定不能掩盖双方之间的劳动关系	53
案例二十九	谁是该案的被告	55
案例三十	未参加工伤保险的劳动者工伤待遇谁来承担	57
案例三十一	因分红款发生的争议是否属于劳动争议	59
案例三十二	向用人单位提交商调函是否等于劳动者主动辞职	61
案例三十三	用人单位该不该为她的退休负责	63
案例三十四	"工作时间"与"工作岗位"认定不清,谁该承担责任	65
案例三十五	工伤复发原用人单位是否还要承担赔偿责任	67
案例三十六	职工带薪年休假是否必须经用人单位批准后才能享受	68
案例三十七	单位脱钩改制后欠缴职工社保费应当补缴	70
案例三十八	劳动者讨要工资是否先要通过劳动争议仲裁程序	73
案例三十九	用人单位该不该支付劳动者非因工死亡待遇	75
案例四十	固定期限劳动合同在履行期间能否改签为无固定期限劳动合同	76
案例四十一	用人单位如此解除劳动合同是否合法	78
案例四十二	谁应为伪造的劳动合同负举证责任	80
案例四十三	没有工伤认定结论劳动者能否维护自己的权益	82
案例四十四	这些劳动者应该和谁打官司	84
案例四十五	职工受到事故伤害能否被认定为工伤	86
案例四十六	到底是辞职还是自动离职	88
案例四十七	主体不适格,人民法院能否未审先判	90
案例四十八	劳动者不同意延长劳动合同期限有什么后果	92
案例四十九	劳动者主动辞职,能否得到经济补偿金	94
案例五十	是否应支付该股东两倍工资的赔偿金	96
案例五十一	劳动争议仲裁委员会能否受理住房补贴争议	97
案例五十二	劳动者的人事档案和社保关系应予以转移	100
案例五十三	如何区别值班和加班	102
案例五十四	实行综合计算工时制是否有加班之说	104

案例五十五	这种行为是否属于法律规定的连续旷工	105
案例五十六	用人单位收取劳动者风险抵押金要承担风险	107
案例五十七	同工同酬是否等于相同岗位和相同待遇	109
案例五十八	用人单位如何留住高层次人才	111
案例五十九	患职业病的劳动者能否享受双重赔偿	113
案例六十	劳动者能否同时获得经济补偿金与赔偿金	115
案例六十一	劳动者简历造假是否影响劳动合同的效力	116
案例六十二	劳动者在劳动合同履行期间可否提出签订无固定期限劳动合同	118
案例六十三	劳动合同中可以约定劳动者放弃社会保险吗	120
案例六十四	因住房发生的争议是否属于劳动争议	121
案例六十五	该案属于劳动争议还是人身损害赔偿纠纷	122
案例六十六	一起劳动争议案件引发的两个法律问题值得思考	124
案例六十七	劳动者追讨两倍工资和经济补偿金是否受仲裁时效的限制	127
案例六十八	工伤保险待遇能不能"继承"	129
案例六十九	用人单位终止劳动合同是否应当支付经济补偿金	131
案例七十	用人单位没有缴纳社会保险费，劳动者可以随时解除劳动合同吗	133
案例七十一	用人单位应当承担疏于管理的不利后果	134
案例七十二	用人单位有权决定劳动者加班吗	136
案例七十三	福利性年假与法定年休假是一回事吗	137
案例七十四	报销款项是否属于工资收入范畴	139
案例七十五	职工遭受车祸身亡，法院能否判决家属获双重赔偿	141
案例七十六	劳动者能否同时享受赔偿金与1个月额外工资的补偿	143
案例七十七	工伤认定是劳动争议仲裁委员会裁决先予执行工伤医疗费的首要条件	145
案例七十八	托管经营管理中的劳动者与哪一方建立了劳动关系	148
案例七十九	劳动者隐瞒婚姻状况，用人单位能否解除劳动合同	150
案例八十	特殊工时制是否适用于劳务派遣职工	152

案例八十一	用人单位以提供培训为名签订的补充协议有效吗………	154
案例八十二	用人单位如何规定劳动合同试用期及试用期的待遇……	156
案例八十三	劳动合同期满，用人单位可以单方终止劳动合同吗……	158
案例八十四	用人单位因劳动者原因解除劳动合同无须支付经济补偿金………………………………………………………	160
案例八十五	加班工资应当怎样计发………………………………………	162
案例八十六	该劳动者与用人单位之间是否存在劳动关系…………	164
案例八十七	劳动者被安排到新的用人单位后，原单位是否应当支付经济补偿金…………………………………………………	165
案例八十八	非全日制劳动者能否享受工伤保险待遇………………	167
案例八十九	如何理解《劳动争议调解仲裁法》规定的"一裁终局"………………………………………………………	169
案例九十	在同一用人单位工作十年以上能否无条件签订无固定期限劳动合同…………………………………………………	171
案例九十一	她到底与哪个用人单位有关系…………………………	172
案例九十二	两倍工资的仲裁请求是否有时效限制…………………	174
案例九十三	这种"用工关系"用人单位能否终止……………………	177
案例九十四	超越代理权限行使的代理行为应当无效………………	179
案例九十五	错列被申诉人的劳动争议能否引起时效中断…………	182
案例九十六	间接证据能否作为劳动人事争议仲裁委员会定案的依据………………………………………………………	184
案例九十七	这样解除劳动合同是否违法……………………………	185
案例九十八	用人单位解除劳动合同应向工伤职工支付工伤待遇……	187
案例九十九	两倍工资罚则到底适用"无过错"原则还是适用"过错"原则………………………………………………………	189
案例一〇〇	社会保险造假要承担法律风险…………………………	191

参考文献……………………………………………………………… 194
后　记……………………………………………………………… 195

> 案例一

公司违法注销股东是否应当承担工伤赔偿责任

案情简介

杨某系某公司货车司机,在职期间,公司依法为其参加了社会保险,足额缴纳了社会保险费。2006年12月,该公司派杨某给某地运送货物时发生了交通事故,杨某在交通事故中受伤。杨某在医院住院治疗期间,前后共花去医疗费30 000元。出院后,杨某向劳动和社会保障行政部门申请工伤认定,劳动和社会保障行政部门依法受理。2007年4月30日,杨某被劳动和社会保障行政部门认定为工伤。2007年6月17日,该公司因故解散,成立清算组,清算组组成人员由股东于某和吴某组成。清算期间,清算组未通知杨某有关公司清算的事宜,并于2007年7月16日办理了注销手续。2007年8月30日,杨某被劳动能力鉴定委员会鉴定为6级伤残。2007年11月,杨某向劳动争议仲裁委员会提出仲裁申请,要求于某、吴某两股东赔偿其工伤待遇120 000元。

仲裁结果

劳动争议仲裁委员会受理后,组织双方当事人进行了调解,讲明法律法规和国家政策规定,动之以情,晓之以理。经过劳动仲裁员的努力,双方自愿达成协议:股东于某、吴某于仲裁调解书生效当日一次性赔偿杨某工伤待遇等共计人民币100 000元。

评析

《中华人民共和国公司法》(以下简称"《公司法》")第一百八十六条规定,"清算组应当自成立之日起10日内通知债权人,并于60日内在报纸上公告。债权人应当自接到通知书之日起30日内,未接到通知书的自公告之日起45日内,向清算组申报其债权"。《最高人民法院关于适用

〈中华人民共和国公司法〉若干问题的规定（二）》（法释〔2008〕6号）第十一条规定，"公司清算时，清算组应当按照《公司法》第一百八十六条的规定，将公司解散清算事宜书面通知全体已知债权人，并根据公司规模和营业地域范围在全国或者公司注册登记地省级有影响的报纸上进行公告"。根据《中华人民共和国公司法》、《最高人民法院关于适用〈中华人民共和国公司法〉若干问题的规定（二）》的相关规定，公司注销时必须做到两点，一是必须书面通知债权人；二是自成立清算组之日起105日后才能办理注销，否则则属程序上违法。

《中华人民共和国民法通则》（以下简称"《民法通则》"）第八十四条规定，"按照合同的约定或者依照法律的规定，在当事人之间产生的特定的权利和义务关系，享有权利的人是债权人，负有义务的人是债务人"。因此，杨某与公司之间债权关系明确，该公司的注销是为了逃避债务而不对杨某尽通知义务，且在短短的30日内即办理了注销手续，其行为显然有悖于《公司法》等规定。因此，该公司注销属于违法注销。

《公司法》第一百九十条第三款规定，"清算组成员因故意或者重大过失给公司或者债权人造成损失的，应当承担赔偿责任"。《最高人民法院关于适用〈中华人民共和国公司法〉若干问题的规定（二）》（法释〔2008〕6号）第十一条第二款及第十九条又作了进一步的解释。根据上述规定，债权人有权主张清算组成员或公司股东对原公司债务承担赔偿责任。因此，该公司股东于某和吴某应对杨某承担工伤赔偿责任。

《中华人民共和国工伤保险条例》（以下简称"《工伤保险条例》"）第六十六条规定，"用人单位依照本条例规定应当参加工伤保险而未参加的，由社会保险行政部门责令改正；未参加工伤保险期间用人单位职工发生工伤的，由该用人单位按照本条例规定的工伤保险待遇项目和标准支付费用"。本案中，杨某在该公司存续期间已被认定为因工负伤，但由于公司未给申诉人缴纳工伤保险费，依据该规定，公司应对杨某支付工伤待遇。

案例二

医疗期内劳动者能否与用人单位
签订无固定期限劳动合同

案情简介

钱某于1998年1月起在某公司工作，双方相继签订了几次劳动合同。2007年1月1日，双方签订了自2007年1月1日起至2007年12月31日止的劳动合同。2007年11月29日，该公司向钱某下发了与其不再续签劳动合同的通知书。

钱某收到通知书后，认为公司不再与其续签劳动合同的做法违反了有关法律规定，于是向公司提出续订劳动合同的要求，但是，公司未予理睬。2008年2月，钱某向劳动争议仲裁委员会提出仲裁申请，并提交了医院出具的2007年12月28日至2008年2月7日的6份诊断证明书，医生建议钱某全休至2008年2月27日。

钱某认为劳动合同期满终止时，自己还处在医疗期内，因此，劳动合同应当在医疗期满后终止；此时公司应当与自己签订无固定期限劳动合同，并支付1月份病假工资及经济补偿金。公司则认为，公司与钱某的劳动合同于2007年12月31日终止，不同意签订无固定期限劳动合同。

劳动争议仲裁委员会受理后，依法组成仲裁庭，对该案进行了公开开庭审理，裁决该公司与钱某签订无固定期限劳动合同并支付1月份病假工资584元。该公司不服仲裁裁决，向人民法院提起诉讼。

判决结果

人民法院经审理，判决驳回了该公司的诉讼请求。

评析

首先，劳动合同终止时劳动者处在医疗期内，劳动合同期限应顺延至医疗期满。原劳动部《关于贯彻执行〈中华人民共和国劳动法〉若干问题的意见》（劳部发〔1995〕309号）第三十四条规定，除因劳动者有重大过错外，劳动者在医疗期、孕期、产期和哺乳期内，劳动合同未满时，用人单位不得终止劳动合同。劳动合同的期限应自动延续至医疗期满为止。《企业职工患病或非因工负伤医疗期规定》（劳部令〔1994〕479号）第三条规定，职工实际工作年限10年以下5年以上的医疗期为6个月。本案中，钱某在该公司实际工作年限为10年以下5年以上，根据医生诊断证明从2007年12月28日休息至2008年2月27日，未超过医疗期限，因此，钱某的劳动合同期限自动延续至医疗期满。

其次，《中华人民共和国劳动合同法》（以下简称"《劳动合同法》"）第十四条规定，劳动者在同一用人单位连续工作满10年，除劳动者要求订立固定期限劳动合同外，用人单位应当与劳动者签订无固定期限劳动合同。本案中，钱某1998年1月到该公司工作，由于劳动合同期限自动顺延至医疗期满，即双方的劳动合同最早应当于2008年2月27日终止。此时，钱某在该公司的工作年限已经超过10年，按照《劳动合同法》第十四条规定，该公司应当与钱某签订无固定期限劳动合同。

最后，原劳动部《关于贯彻执行〈中华人民共和国劳动法〉若干问题的意见》五十九条规定，在规定的医疗期内病假工资或疾病救济费可以低于最低工资标准的80%。本案中，由于钱某对自己的工资标准不能进行举证，他的病假工资按照当地上年度职工最低工资的80%支付，月工资应为584元。

案例三

冒用他人姓名与用人单位签订了劳动合同，能否认定双方之间存在劳动关系

案情简介

翟某因学历较低，在求职中四处碰壁，于是他不假思索地借来孪生哥哥的居民身份证、学历证书和职称证书到某公司应聘，并且顺利通过了面试，与公司签订了劳动合同。3个月后，他在车间工作时意外受伤，公司在为其申报工伤时，被劳动和社会保障行政部门审查出翟某系冒名顶替。社会保险经办机构拒绝支付其工伤保险待遇，公司也认为他采用欺诈行为和虚假信息骗得单位与其签订了劳动合同的行为违法、无效而不予支付工伤待遇，双方之间发生了争议。于是，翟某向当地劳动争议仲裁委员会提出仲裁申请，要求裁决公司与其存在劳动关系，依法支付工伤保险待遇。

仲裁结果

劳动争议仲裁委员会受理后，经开庭审理，裁决翟某与公司之间存在事实劳动关系，公司应当依法向其支付工伤待遇。

评析

什么是事实劳动关系？原劳动部《关于贯彻执行〈中华人民共和国劳动法〉若干问题的意见》第二条第一次提出了"事实劳动关系"这一概念。所谓事实劳动关系，是指用人单位虽然没有按照法律规定和劳动者订立书面劳动合同，但是双方之间实际上履行了相关的劳动权利和义务而形成的这样一种劳动关系。事实劳动关系主要包括实质要件和形式要件两方面：从实质要件而言，首先，劳动者已经提供了劳动的行为；其次，劳动者已经成为用人单位的一员，用人单位已经向劳动者支付了报酬、福利待遇；最后，劳动者已经纳入用人单位的劳动管理体系。形式要件即劳动

者与用人单位之间并没有签订书面劳动合同，主要有以下几种形式：①应当签订而没有签订劳动合同；②以口头协议代替书面劳动合同；③劳动合同期满没有终止也没有续签而形成的事实延续的劳动关系；④无效劳动合同导致的事实劳动关系。

翟某的代理律师认为，虽然翟某有错在先，但其本人实际上已经在该公司工作，并且付出了劳动，接受公司管理，受公司规章制度的约束，并实际领取了工资报酬，符合劳动关系成立的要件，应当视为与该公司形成了事实劳动关系。

公司则认为，事实劳动关系是指劳动者与用人单位未签订劳动合同，但双方均符合法律、法规规定的主体资格，劳动者实际上已成为用人单位的成员，遵守其规章制度，接受其管理。公司在用工之日即严格按照法律法规规定与翟某签订了劳动合同，没有不愿签订劳动合同的主观故意。《劳动法》第十八条第（二）项、《劳动合同法》第二十六条第（一）项规定，采取欺诈、威胁等手段订立的劳动合同全部或部分无效。翟某冒用他人姓名，采取欺诈手段与公司签订了劳动合同，无效劳动合同的最基本条件是签订劳动合同的主体不符合法定有效条件，导致劳动合同全部条款均不能发生法律约束力，因此应属于劳动合同全部无效。

翟某与公司之间符合劳动关系建立的各项要件，依据原劳动部《关于贯彻执行〈中华人民共和国劳动法〉若干问题的意见》（劳部发〔1995〕309号）、《关于确立劳动关系有关事项的通知》（劳社部发〔2005〕12号）等相关劳动保障法律法规，应当认定双方之间存在事实劳动关系。至于其采用冒名顶替的方式与公司签订劳动合同，公司可以依据国家相关法规或公司管理制度对翟某进行处理。

无效劳动合同的成因可以分为用人单位原因及劳动者的原因，对于因用人单位的原因造成的无效劳动合同，《劳动法》、《违反〈劳动法〉有关劳动合同规定的赔偿办法》（劳部发〔1995〕223号）、《最高人民法院关于审理劳动争议案件适用法律若干问题的解释（一）》等相关法律法规中规定了因此原因对劳动者造成损害应当予以赔偿，但却未保护因劳动者原因造成无效劳动合同而导致损失的用人单位的相关权益。因此建议，由于劳动者原因造成的无效劳动合同应当不予认定为事实劳动关系，如因此对用人单位造成损害,也同样应当予以赔偿。

本案中,翟某因自身的原因造成无效劳动合同,但根据法理仍应认定翟某与用人单位之间形成了事实劳动关系,他因此可向公司要求支付工伤待遇。

案例四

职工用经济补偿金换来的股权是否合法有效

案情简介

2002年9月,某商店以优惠价格兼并了即将破产的一家公司。经过双方协商,在《职工安置协议》上达成一致,双方约定,商店全面接收、安置公司的劳动者,原公司的职工与商店职工同等对待,每人配送股金10 000元,以替换劳动者应得的经济补偿金。其后的几年,这几十名原公司的职工不但每年依据上述协议领取1 000元左右的红利,而且一直参与了该商店董事会的选举、重大事项的表决等管理活动。但是,由于法律意识的欠缺,这部分劳动者一直没有进行股东登记,也没有办理有关出资手续。只是在后来的增资中,将股权登记在了商店董事会的名下。之后董事长意外身亡,商店内部随之上演了一场空前的股权争夺战。在这场拉锯战中,商店单方面出示《职工安置补充协议》,主张这几十名劳动者的股权不能转让;如果转让,商店将无偿收回。对此,劳动者并不认可。于是一纸诉状将商店告上人民法院,请求人民法院依法判决《职工安置协议》无效,依法确认他们的股东地位,以及其享有的商店股权合法有效。

判决结果

人民法院立案后,经审理,依法判决商店和公司签订的《职工安置协议》无效,并依法确认了职工的股东地位以及应享有的商店股权。

评析

人民法院审理认为，商店向原公司劳动者配送的"股金"，仅是这些劳动者在职期间对该部分"股权"享有的部分受益权和表决权，是商店承诺给予该部分劳动者的福利性待遇，并非《公司法》意义上的完整股权；且在其退休后或者因其他原因终止、解除劳动合同离开时自动无条件地无偿收回，自离开之日起不再享有任何权利。因此，该部分劳动者获得的是基于《职工安置协议》中约定而产生的财产性权利，并没有取得因出资实际所享有并应该享有的股东权利。

根据《职工安置协议》约定，商店在取得公司破产财产所支付的费用包括了劳动者应当得到经济补偿金，但商店实际并未向原公司的劳动者支付经济补偿金，而是直接将经济补偿金转为劳动者对商店的出资。《职工安置协议》实际履行后，也就意味着这几十名原公司职工把经济补偿金作为对商店的实际出资。《职工安置协议》中显示的"为每名职工配送股金 10 000 元"，事实上已经不是配送，而是这些劳动者基于实际出资而取得的股权。如果说是带有福利性质的配送，性质上属于股权激励，商店为此首先要回购这部分劳动者的股权，再将收购的股权单方面配送给职工。

本案中，商店实际上取得了原公司相关的财产权利，其中包括原公司劳动者应当得到的经济补偿金，而这部分股权也恰恰弥补了商店欠缴的部分资本。但是，商店股东会对该部分劳动者出资的行为却持否定的态度，决议欠缴出资由商店自有资金补足并授权董事长全权处理。商店以自有资金补足股东欠缴的出资，会直接导致商店资本虚假，这一做法违反了《公司法》的禁止性规定，所以该决议应当是违法的、无效的。同时，商店否认了原公司在职职工实际出资的事实，剥夺了他们依法享有的财产权利，严重侵害了商店、股东以及商店债权人的合法权利。

本案中，商店当初兼并过程中的配股行为，在商店内部事实上形成了"显名股东"和"隐名股东"，而这些"变通"的做法在我国法律上还没有相关的规定，导致权利归属的模糊和争议。而这种情况在企业兼并改制中都普遍存在。虽然兼并程序不规范，但不能因此就轻易抹杀劳动者用经济补偿金作为出资的事实。

案例五

工伤认定中的"48小时"如何界定

案情简介

2007年7月10日上午9时左右,在某公司工作的荣某因病突然昏倒,被送往该市人民医院抢救。7月11日21时左右,医院经诊断确定荣某没有存活的可能,在这种情况下,荣某的丈夫马某经与亲属协商后决定放弃抢救,当天晚23时左右,荣某死亡。事后,马某于8月20日向劳动保障行政部门申请工伤认定,劳动保障行政部门依照《工伤保险条例》的相关规定,对荣某的死亡做出了视同工伤的认定决定。公司不服认定结论,向劳动和社会保障行政部门的上级机关申请行政复议,后因对复议结果不服,公司又向人民法院提起行政诉讼。

判决结果

人民法院审理后认为,《工伤保险条例》第十五条第(一)项规定,"在工作时间和工作岗位,突发疾病死亡或者在48小时之内经抢救无效死亡的"应当视同工伤。劳动保障行政部门根据调查的情况和相关证据,依据《工伤保险条例》第十五条第(一)项做出的工伤认定是正确的,于是,人民法院做出了驳回原告诉讼请求的判决。

评析

本案中,双方争议的焦点主要集中在对"48小时内抢救无效死亡"的这一工伤认定标准的界定上。原告公司认为,荣某的死亡是其家属放弃治疗促成其在48小时之内死亡的,因此,不符合《工伤保险条例》第十五条第(一)项有关视同工伤的法定条件,不能认定为工伤。人民法院则认为,荣某是在工作时间和工作岗位,突发疾病并且在48小时之内经抢救无效死亡的,符合视同工伤认定的法定情形。因此,劳动保障行政部门做出的认定结论程序合法，证据充分，适用法律得当，完全是正确的。

《工伤保险条例》第十五条第一款明确规定，职工在工作时间和工作岗位，突发疾病死亡或者在48小时内经抢救无效死亡的，视同工伤。为了进一步明确"48小时"的起算时间，原劳动保障部《关于实施〈工伤保险条例〉若干问题的意见》（劳社函〔2004〕256号文件）第三条规定，"48小时"以医疗机构的初次诊断时间作为突发疾病的起算时间。但是，在实践中，由于用人单位往往是发病的第一发现者，在抢救时往往为了自身利益而故意拖延至48小时，以延缓死亡的时间。所以，如何界定"48小时"就成为实践中的难点问题。

"48小时内抢救无效死亡"强调的是能否通过抢救而达到延续生命的结果，不应将其局限于通过抢救是否能够短暂地延缓死亡的时间，而具体情况的认定应该以医疗机构的结论来确定。基于这种考虑，对"48小时内抢救无效死亡"的工伤认定标准主要包括三个方面：一是死亡的劳动者是否在工作时间、工作岗位突发疾病，二是是否在48小时内抢救无效死亡，三是48小时内抢救是否起到改变死亡结果的效果。所以，如果劳动者是在工作时间和工作岗位突发疾病，医疗机构也确认抢救已经无法拯救生命，而且在医疗机构做出了劳动者抢救无效死亡的事实，则应该对其做出视同工伤的认定。

本案中，首先，荣某是在工作时间、工作岗位突发疾病的；其次，荣某是在48小时之内经抢救无效死亡的；最后，荣某在实施抢救过程中已经不能改变其死亡的结果。此外，对于用人单位与死者家属所争议的病人情况的认定，既不能是用人单位认定的情况，也不能是病人家属认定的情况，只能是由医疗机构根据病人情况做出的认定。本案的实际情况则是，马某是在得到医院诊断确定荣某没有继续存活的可能后，才与亲属协商决定放弃抢救的，而最终的结果就是产生了荣某在"48小时"内死亡的事实。当然，如果此时荣某的亲属不放弃治疗，荣某也可能会在48小时以后死亡，而此时，原告公司就可以以超过"48小时"而作为否认其为工伤的理由。所以，为了防范其中的道德风险和法律风险，对于荣某情形的认定应当严格根据案件事实和现行行政法律法规来确定。

该案中，根据对证人的调查笔录可以证实荣某是在工作时间和工作岗位突发疾病并于48小时之内抢救无效死亡。同时，根据医院的诊断病历，能够证实是在医院告知家属荣某已经没有继续存活的可能性后，家属才放弃抢救的，其行为不属于《工伤保险条例》第四十二条第（三）项规定的"拒绝治疗的"情形，所以，劳动保障行政部门对于荣某的情形做出视同工伤的认定，程序合法、证据充分、适用法律得当，应当得到支持。

案例六

引发劳动争议的双重劳动关系

案情简介

李某是某公司的职工，2005年办理了内退手续。之后，某私营企业招聘了李某，担任该企业的技术员。双方约定，该企业每月发给李某3 000元的工资，该项工资为李某所有劳动所得。由于生产任务繁重，李某作为技术人员在该企业工作基本没有休过星期六、星期天，也没有休过节假日。2007年8月，基于《劳动合同法》的实施，该企业与李某签订了为期3年的劳动合同，并约定李某的工资为3 000元，包括加班费用。2008年8月，由于企业的原因，该企业与李某解除了劳动合同，没有支付李某任何补偿，理由是李某系其他单位的内退人员，与其他单位之间存在劳动关系，因此，与该企业之间没有建立劳动关系，不存在经济补偿问题。但是，李某认为，双方之间签订了劳动合同，且是企业单方面解除劳动合同，因此，应当给予自己经济补偿金。在双方不能协商一致的情况下，李某向劳动争议仲裁委员会提出了仲裁申请，要求公司向其支付经济补偿金和在该企业工作期间的加班费。

仲裁结果

劳动争议仲裁委员会经审理，认为该企业与李某之间签订了劳动合同，双方已经建立了劳动关系。于是，做出了由被申诉人支付申诉人在职期间应得的加班费，驳回申诉人的其他申诉请求的裁决。仲裁裁决送达后，双方均未向人民法院提起诉讼，仲裁裁决发生了法律效力。

评析

该案处理过程中，有三种不同观点：第一种观点认为，李某与该企业之间属于劳务关系，因此，无须向其支付加班费和经济补偿金；第二种观点认为，李某与该企业之间属于劳动关系，因此，应当向其支付加班费以及经济补偿金；第三种观点认为，李某与该企业之间属于不完整的劳动关系，应当向其支付加班费，但不应当向其支付经济补偿金。

本案是一起双重劳动关系引发的劳动争议。那么，什么是"双重劳动关系"呢？所谓双重劳动关系是指劳动者与两家或者两家以上用人单位之间形成实质上的或形式上的劳动关系。双重劳动关系有以下几种情形，一是非全日制劳动者在两家用人单位工作，形成双重非全日制劳动关系；二是劳动者在一家用人单位全日制工作，工作之余，又到另一家用人单位兼职；三是劳动者与一家用人单位保留劳动关系，并且由该用人单位为其支付工资、缴纳社会保险费，但劳动者却不为该用人单位提供劳动，而为另一家单位提供劳动，并领取劳动报酬。《劳动合同法》第三十九条规定，劳动者同时与其他用人单位建立劳动关系，对完成本单位的工作任务造成严重影响，或者经用人单位提出，拒不改正的，用人单位可以与其解除劳动合同。依据该条规定可以看出，在我国，法律承认双重劳动关系，但是并没有对双重劳动关系的待遇规定清楚，即双重劳动关系解除或者终止的经济补偿金以及社会保险待遇是否可以双重享受。原劳动和社会保障部《关于非全日制用工若干问题的意见》规定，非全日制劳动关系可以随时终止，用人单位无须支付任何经济补偿金，而且非全日制用工，用人单位仅需为劳动者缴纳工伤保险费，不需要缴纳其他社会保险费。因此，对于前两种非全日制下的双重劳动关系，实际上没有太多的争议。目前争议最大的还是第三种情形，而第三种情形主要包括内退人员、其他单位待岗人员等。

上述观点中，多数劳动仲裁员、律师同意第三种观点。其主要理由为：一是从劳动保障立法原则来说，在双重劳动关系的问题上应该平衡劳动者和用人单位之间的关系。劳动者在原用人单位保留劳动关系并从原用人单位领取相关待遇,解除劳动关系时其本身可以享受到经济补偿金或办理退休手续,如果劳动者与其他用人单位建立劳动关系,领取了报酬并且在劳动合同解除或者终止的情形下,再由另一用人单位向其支付经济补偿金,是不具有公平性的。二是从劳动者的劳动付出应当得到相应回报的角度来说,无论是劳动关系还是劳务关系,劳动者的劳动付出都应当得到相应的劳动报酬,包括加班报酬。本案中,李某在该用人单位工作,没有休过周六、周日,也没有休过法定节假日,而且双方也签订了劳动合同,因此,该用人单位应当按照劳动标准向李某支付加班费。三是完全的双重劳动关系在我国没有相关社会保险立法的配套规定支持。本案中,李某与该用人单位的劳动关系之所以属于不完整的劳动关系,原因之一就在于我国社会保险政策不支持双重社会保险关系。由于原用人单位还在为李某支付工资、缴纳社会保险费,因此,另一用人单位就无法为李某重新建立社会保险关系。

基于以上几点考虑,在双重劳动关系问题上,只要劳动者与原用人单位还存在工资、社会保险关系,那么另一用人单位应当保障劳动者的工资待遇、加班待遇、法定休假待遇等。与普通劳动关系相比,双重劳动关系的特殊性就在于双方没有社会保险关系,劳动合同解除或终止后不应支付经济补偿金。

案例七

约定这样的劳动合同终止条件有效吗

案情简介

2008年5月,某公司成立。因该公司生产的产品属于特种设备,要求劳动者具备压力容器焊工证,但是该类人员十分稀缺,一时难以招聘到,公司遂决定招聘部分普通焊工上岗后再进行岗位技能培训,然后再委托相关部门进行考核认证。很快,公司人力资源部门招聘了20名普通焊工,并与他们签订了为期1年的劳动合同,双方约定试用期为1个月,主要考核这些劳动者的工作态度和敬业精神。同时,在劳动合同附件中约定了如下条款:为满足工作需要,甲方(公司)将在3个月内统一安排乙方(劳动者)进行专业培训,培训结束后组织认证考核。如果乙方考核不通过无法取得操作证,劳动合同自然终止,并且不能享受经济补偿金。3个月培训很快结束了,经过考核,有部分劳动者没有通过考试,拿不到操作证,公司依照劳动合同的约定决定终止与他们的劳动合同。但是,这部分劳动者提出,《劳动合同法》实施以后,即便是劳动合同终止,劳动者也应当享受经济补偿金待遇。公司则认为,公司已经为这些劳动者提供了培训机会,因其个人技术原因没有通过考核,责任在其本人,公司没有任何过错。而且该条款已经在劳动合同中明确做出了约定,因此公司不应该支付经济补偿金。协商未果,这些劳动者向劳动争议仲裁委员会提出仲裁申请。

仲裁结果

劳动争议仲裁委员会受理后,依法组成仲裁庭,对该案进行了公开审理。裁决用人单位依法向申诉人支付终止劳动合同的经济补偿金。

评析

双方争议的焦点在于用人单位能否在劳动合同中与劳动者约定终止劳动合同并不支付经济补偿金的条件。

《劳动法》第二十三条规定,劳动合同期满或者当事人约定的劳动合同终止条件出现,劳动合同即行终止。这一条款赋予了劳动合同主体双方意思自治的权利。《劳动法》第二十八条规定,用人单位依据本法第二十四条、第二十六条、第二十七条的规定解除劳动合同的,应当依照国家有关规定给予经济补偿。《劳动合同法》第四十四条、《劳动合同法实施条例》第十三条规定,劳动合同终止应当严格按照《劳动合同法》第四十四条中列举的五种终止条件操作,用人单位与劳动者不得约定其他的劳动合同终止条件。因此该公司在劳动合同中约定的条款应当属于无效条款,用人单位无权依据该条款终止劳动合同。

　　用人单位采取这种培养模式，主要是因为人力资源市场上成熟技术工人缺少，只能通过自己培养来解决人员缺口问题。此举的出发点是好的，但在具体操作中应当注意方式方法，避免或减少劳动争议发生。比如，公司可以采取以下几种解决办法：一是用人单位应当在1个月的试用期内予以培训考核。如不能通过考核持证上岗，及时予以解除劳动合同，这样就不用支付经济补偿金了；如果因1个月试用期太短无法及时准确地对职工培训考核，建议用人单位签订期限稍长的劳动合同，这样就可以约定不超过6个月的试用期了。二是即使是没有通过考核认证的普通焊工，也是具有一定技能的技术工人，且该用人单位也刚刚成立，如有其他辅助工作岗位，经双方协商一致可以调整工作岗位、工资标准，做到人尽其才。三是用人单位以劳动者无法满足该类岗位资质要求与劳动者协商解除劳动合同，应当按照其在本单位工作年限给予半个月工资标准的经济补偿金，或者再次给予短期培训并进行考核。如果仍无法取得上岗操作证，可以依据《劳动合同法》第四十条第（二）项，"劳动者不能胜任工作，经过培训或者调整工作岗位，仍不能胜任工作的；用人单位可提前30日或者额外支付劳动者1个月代通知金后，并按照本单位工作年限给予半个月工资的经济补偿金，解除劳动合同"。

案例八

用人单位不能随心所欲自定规则

案情简介

　　2003年8月至2006年3月，秦某在A公司工作。2006年5月29日至2007年4月3日，秦某在B公司办事处工作。该公司于2006年10月份与她签订了为期1年的劳动合同，合同约定试用期为3个月，并且为其办理了"五险一金"。她的人事档案于2006年10月从A公司档案存放地的人才交流中心转移到 B 公司办事处委托的人事代理公司某企业管理咨询有限公司。秦某于 2007 年 4 月 30 日提出辞职，经 B 公司批准后当天完成交接工作。

辞职后，秦某与企业管理咨询有限公司负责档案存放工作的人员达成口头协议，在没有找到工作前人事档案暂时存放在该公司，每月交纳 20 元档案管理费。2008 年 4 月，秦某被 C 公司录用。当秦某去企业管理咨询有限公司办理档案转移手续时，该单位负责人让其缴纳 14 个月的 1 680 元人事代理费。秦某认为，劳动关系已经解除，该公司不应该在其辞职期间收取 14 个月的人事代理费，于是向劳动争议仲裁委员会提出仲裁申请。

仲裁结果

劳动争议仲裁委员会受理后，在仲裁过程中，经调解，双方达成和解，该用人单位主动退还了多收张某的 1 400 元人事代理费。

评析

劳动争议仲裁委员会立案后进行了调查。B 公司办事处负责人在接受询问时称，该办事处因不具备独立法人资格，不能与劳动者签订劳动合同，因此委托企业管理咨询有限公司与劳动者签订劳动合同，作为人事代理派遣到该办事处，向该公司每月支付 120 元人事代理费。2007 年 4 月 30 日，秦某向办事处提出辞职，在没有得到同意的情况下就离开了公司。

企业管理咨询有限公司在接受询问时称，B 公司办事处与企业管理咨询有限公司签订了人事代理协议，为其提供职工人事管理以及职工社会保险统筹代缴服务，B 公司办事处所招用的劳动者的劳动合同由企业管理咨询有限公司与劳动者签订，B 公司办事处按每人每月 120 元向企业管理咨询有限公司缴纳相关代理费用。外派人员每月收取每人 120 元的人事代理费，秦某于 2006 年 5 月与该公司签订劳动合同，合同期限为一年，2007 年 5 月秦某从 B 公司办事处辞职时未向公司告知，因此公司依然按照协议收取 14 个月共计 1 680 元的费用。

劳动争议仲裁委员会通过调查了解到，企业管理咨询有限公司内部制定有一个"规则",凡是被招用的职工,工作 5 个月后才能与公司签订劳动合同,签订 1 年劳动合同的,试用期约定为 3 个月。针对上述情况,劳动保障行政部门依法对企业管理咨询有限公司下达了《劳动保障监察责令整改决定书》,要求其在 7 日内,按照有关规定调整试用期,并为劳动者缴纳社会保险费。同时,企业管理咨询有限公司主动退还了多收秦某的 1 400 元人事代理费。

企业管理咨询有限公司在贯彻执行劳动保障法律法规以及处理秦某的问题上存在两个方面的问题。一是试用期约定违反了法律法规规定。《劳动法》第二十一条规定,劳动合同可以约定试用期,但试用期最长不得超过六个月。原劳动部发布的《关于实行劳动合同制度若干问题的通知》进一步明确规定,"劳动合同期限在六个月以下的,试用期不得超过 15 日;劳动合同期限在六个月以上一年以下的,试用期不得超过 30 日;劳动合同期限在一年以上两年以下的,试用期不得超过 60 日,且试用期包括在劳动合同的期限中"。《劳动合同法》第十九条规定,"劳动合同期限三个月以上不满一年的,不得约定试用期;劳动合同期限一年以上不满三年的,试用期不得超过两个月;三年以上固定期限和无固定期限的劳动合同,试用期不得超过六个月"。二是企业管理咨询有限公司向秦某收取的 1 680 元人事代理费用于法无据。秦某于 2007 年 4 月 3 日辞职后,其与企业管理咨询有限公司的劳动关系已经解除,只不过是将个人档案暂时由企业管理咨询有限公司代为保管。企业管理咨询有限公司无须继续为秦某提供其他服务,对于不提供服务而收取费用的做法,显然是不妥的。

案例九

用人单位与劳动者签订的保密协议可以解除吗

案情简介

2004 年,于某到某公司工作,双方签订了为期两年的劳动合同,至

2006年9月30日终止。双方同时签订了一份《保密协议》作为劳动合同书的附件，约定公司在终止或解除与于某的劳动合同之日起30日内，向于某一次性支付竞业限制补偿费，标准为于某上一年度实际税前薪酬的50%；超过30日未支付的，还应一次性支付违约金5 000元。

该劳动合同期满后双方续签至2008年9月30日止。2008年4月2日，公司出台规定，公司与劳动者终止或解除劳动合同后，如劳动者按照协议履行了竞业限制义务，公司在竞业限制期间内按月向劳动者支付补偿金，月补偿标准按劳动者离职前12个月平均月工资的50%支付。9月30日，于某与公司劳动合同终止。此后，于某等待了一段时间，迟迟不见公司支付竞业限制补偿费，便向公司提出要求，公司则表示已不要求于某承担竞业限制义务，原保密协议自然终止，公司也不用支付竞业限制补偿，并于2008年11月28日以书面形式告知于某不必再承担竞业限制义务。于某不服，于是向劳动争议仲裁委员会提出仲裁申请，要求公司依法向其支付竞业限制补偿费以及违约金。

仲裁结果

劳动争议仲裁委员会受理后，经审理，依据于某在离职前12个月的平均工资11 840元，裁决公司支付于某2008年10月、11月竞业限制经济补偿11 840元（11 840元×50%×2），并驳回于某的其他仲裁请求。

评析

《劳动合同法》第二十三条规定，用人单位与劳动者可以在劳动合同中约定保守用人单位的商业秘密和与知识产权相关的保密事项。对负有保密义务的劳动者，用人单位可以在劳动合同或者保密协议中与劳动者约定竞业限制条款，并约定在解除或者终止劳动合同后，在竞业限制期限内按月给予劳动者经济补偿。保密协议可以由双方当事人协商确定，并经协商变更相关内容。对于保密协议的终止或解除，可以经双方协商一致，也可以由用人单位单方决定。第二十四条规定，竞业限制的人员限于用人单位的高级管理人员、高级技术人员和其他负有保密义务的人员。竞业限制的范围、地域、期限由用人单位与劳动者约定，竞业限制的约定不得违反法律、法规的规定。

本案中，双方签订的保密协议可视为双方当事人真实意思表示。在2008年4月后，该用人单位根据《劳动合同法》的规定将原约定的一次性支付改为按月支付并无不当。但用人单位于2008年9月30日为于某办理离职手续时，没有相关证据证明已明确告知于某不需竞业限制也不支付补偿费，因此，该用人单位应当如约履行协议。

在2008年11月28日，该用人单位经书面告知于某不必履行竞业限制约定，表明该用人单位不再对于某设定保密义务，自通知发出之日起，保密协议解除，于某要求用人单位继续支付经济补偿没有事实和法律依据。

案例十

劳动者所持用人单位的股份能否退出

案情简介

2008年，祁某以30 000元作为职工入股金参与公司股份制改制。在公司的职工入股通知中，写有职工入股后不得退股的内容。之后公司推举8名职工为股东代表，并在公司章程中予以登记；而祁某则未被登记，同时公司也未向其核发出资证明书。为此，祁某认为自己已经履行了出资义务，但公司却未将其登记为股东，致使自己无法享受股东应享有的权利。因此，祁某将公司诉至人民法院，要求法院撤销职工入股通知，并判决公司返还30 000元股款并赔偿损失。

判决结果

人民法院审理后认为，股东资格的确认应以公司章程和股东名册中的记载为准，在持股职工股东资格的认定上也应坚持该原则。本案中，由于公司推行职工入股的过程欠缺规范的程序和手续，未将祁某登记为公司股东,祁某也未实际享有任何股东应享有的权利,据此判决撤销公司职工入股通知,责令公司补足股东认定手续,并驳回了祁某的其他诉讼请求。

评析

本案实际上涉及两个焦点问题:一是祁某作为持股职工,是否等同于公司股东?二是股东在公司成立后,能否退出股份?

首先,在职工持股中,由于《公司法》限制有限责任公司的股东为50人以下,而改制企业持股职工常常有上百人,不可能都登记为股东。为了避免与法律冲突,只能登记股东代表,由其代表其他持股职工行使股东权利。本案中,不能仅认为登记在公司章程中的股东代表是股东,而未在公司章程中登记的持股职工就不是股东。祁某实际缴纳了出资,并由股东大会确认了这一事实,祁某就已经是公司的股东了。祁某作为一名持股职工,并不能直接行使《公司法》中的股东权。职工持股的权利行使方式有两种,一种是持股职工自己直接行使;另一种是职工通过其他主体,如职工持股会或者股东代表间接行使。目前实践中,采取较多的间接行使方式是信托方式,即持股职工选举出职工持股会或者股东代表,通过与职工持股会或者股东代表签订信托合同,将自己所持有的股权委托职工持股会或者股东代表行使。职工持股会或股东代表作为共同受托人,以自己名义代表出资职工在公司股东会议上行使股东权,出资股东则依据信托协议按其出资额享有受益权和其他权利。本案中,公司采取的就是这一方式,因此,祁某不能直接享受股东权。

其次,按照《公司法》规定,股东在公司成立后,不得抽回出资,而只能通过转让出资或公司回购的形式将股金收回。那么,作为持股职工,是否和《公司法》上规定的一般股东一样,也不能任意抽回出资?对持股职工退股的处理,不宜完全按照《公司法》的规定处理,因为毕竟持股职工和一般的公司股东之间还存在一定的差别。一般而言,持股职工是不登记在公司工商登记材料中的,不存在对第三人交易安全的危害问题,主要是持股职工和公司之间的关系问题。这属于公司内部的法律关系,还是应以职工和公司之间的约定为准。本案中,公司的通知上有职工入股后不能退股的内容,但这仅仅表明公司在推行职工入股的操作中存在一定不规范之处。对此，祁某可以向公司要求行使股东权利，但不能以此为由要求退股。《公司法》第七十五条规定了在三种情况下，公司股东可以向公司提出收购其股权。但是，本案所涉及的情形并非属于三种法定情形，因此，本案中的股东也不享有退股权。祁某应与公司协商采取另外一种方式将投资款收回，而不能直接要求退股。

案例十一

追缴社会保险费有无时效规定

案情简介

孙某是某公司在某地办事处的职工，1996年入职，双方签订了无固定期限劳动合同。由于我国社会保险政策各地不统一的原因，公司无法为其缴纳1996年至2004年的社会保险费。2004年之后，该公司委托某地一家单位为孙某缴纳社会保险费，2007年3月孙某离职。2009年4月，孙某要求该公司为其补缴2004年之前的社会保险费用。在公司不同意为其补缴社会保险费用的情形下，孙某向劳动争议仲裁委员会提出仲裁申请。而该公司提出孙某已经离职两年以上，超过了《劳动争议调解仲裁法》所规定的一年的仲裁时效，因此要求劳动争议仲裁委员会驳回孙某的仲裁请求。

仲裁结果

劳动争议仲裁委员会审理后认为，申诉人孙某的仲裁请求已超过《劳动争议调解仲裁法》规定的仲裁时效，于是做出了驳回申诉人的仲裁请求的裁决。

评析

《劳动法》第七十条规定，国家发展社会保险事业，建立社会保险制度，设立社会保险基金，使劳动者在年老、患病、工伤、失业、生育等情况下获得帮助和补偿。第七十一条规定，社会保险水平应当与社会经济发展水平和社会承受能力相适应。第七十二条规定，社会保险基金按照保险类型确定资金来源，逐步实行社会统筹。用人单位和劳动者必须依法参加社会保险，缴纳社会保险费。尽管《劳动法》规定了用人单位和劳动者有缴纳社会保险费的义务，但是，应当缴纳什么险种的保险费，应当如何缴纳，法律规定不太明晰，只有各地地方政策中有相关的规定。1999年《社会保险费征缴暂行条例》的出台，才统一规定了养老、医疗、失业三个险种的缴费方式。

那么，面对历史遗留问题，法律法规对社会保险费缴纳的追溯时效到底是如何规定的呢？目前，社会保险费追缴的途径有两种，一种是通过劳动保障监察，另一种是申请劳动争议仲裁，不同的社会保险费追缴途径有不同的时效要求。

首先，《劳动保障监察条例》第二十条规定，"违反劳动保障法律、法规或者规章的行为在两年内未被劳动保障行政部门发现，也未被举报、投诉的，劳动保障行政部门不再查处。前款规定的期限，自违反劳动保障法律、法规或者规章的行为发生之日起计算；违反劳动保障法律、法规或者规章的行为有连续或者继续状态的，自行为终了之日起计算"。从该条规定可以看出，劳动保障监察机构对违反劳动保障法律、法规的行为的追诉期限为两年；两年之外的违法行为，除非该行为处于持续状态，否则劳动保障监察机构没有权利进行管理。

本案中，用人单位没有缴纳社会保险费的事实发生在2004年之前，其特殊性在于该用人单位在2004年之后其社会保险缴费是合法的，而2004年之前没有缴纳社会保险费的违法行为是否可以理解为连续或者继续？从词义理解，"连续"指的是"一个接一个"；"继续"指的是"连下去；延长下去；不间断"。因此，该公司社会保险费缴费的方式首先不是连续的违法，其次也不是继续的违法。因此，如果仅从《劳动保障监察条例》的角度出发，劳动保障监察机构是没有权利要求该公司补缴社会保险费的。更何况，孙某离职两年后才向劳动保障监察机构投诉，也应当超过了劳动保障监察机构追诉的法定时效。

其次，从申请劳动争议仲裁的途径来看，依据《劳动争议调解仲裁法》第二十七条的规定，"劳动争议申请仲裁的时效期间为一年。仲裁时效期间从当事人知道或者应当知道其权利被侵害之日起计算"。本案中，公司在2004年之前没有为职工缴纳社会保险费，劳动者是知晓的，那么，其在2009年向劳动争议仲裁委员会提出仲裁申请也已经超过劳动争议仲裁1年的时效规定。

因此，如果严格按照现行的劳动保障法律法规来谈社会保险费缴纳的追诉时效，就应当按照上述的理解来进行。但是，缴纳社会保险费具有公法的性质，公法的法律关系在于公民或者法人与国家机关之间的关系。公法关系的权利义务，属于强制性的权利义务，当事人没有权利放弃。在公法的前提下，用人单位和劳动者缴纳社会保险费是双方的义务，而劳动保障行政部门向用人单位和劳动者追缴社会保险费属于法定的权利。从这个角度来理解，社会保险缴费的追缴应当没有时效限制。

案例十二

出国研修的劳动者与劳务派遣公司之间能否构成劳动关系

案情简介

2005年10月，陈某与某劳务派遣公司签订合同，约定由该公司负责为陈某办理出国前培训及外派事宜。第一年陈某以研修生身份留在某国，第二年依据陈某意愿及表现，通过某国有关考试后可转为技能实习生，第三年陈某可以继续以技能实习生身份留在某国，但留某国的时间累计不超过3年。双方同时约定陈某在出国前需要向该公司支付一笔保证金，并出其家人提供现金或者房产担保，在陈某有违约行为时将承担违约金，合同还约定陈某留某国期间将按年度向该公司支付管理费。2008年10月，陈某按期回国，并向人民法院提起诉讼，要求该公司返还其出国前支付的保证金和其家人用于担保的房产证件。该公司随即提起反诉,要求陈某支付其留某国期间的管理费。

判决结果

人民法院审理后组成合议庭进行了审理,认为该案属于劳动争议范畴,应当经过劳动争议仲裁委员会仲裁程序,于是判决驳回原告的诉讼请求。

评析

首先,陈某与该公司签订的合同属劳务合同的性质,但不适用《劳动合同法》中对劳务派遣的规定。《劳动合同法》第五十八条规定,劳务派遣单位应当与被派遣者签订两年以上的固定期限合同,并按月向其支付报酬。而陈某与该公司约定的合同履行期为陈某在某国的有效期间,根据两国双方建立的研修制度和合同约定,陈某有权在第一年研修期结束后选择回国或者继续留在某国转为技能实习生,显然不是"两年以上固定期限合同"。根据约定,陈某研修期间享有研究津贴待遇,转为技能实习生后与某国企业签订劳动合同,由某国企业支付工资,研究津贴及工资均由陈某所在的某国企业提供并直接存入陈某的个人账户,并非由该劳务外派公司按月向陈某支付报酬。因此根据两国之间建立的研修制度和合同约定,陈某与该公司签订的只是民事合同的一种,受《合同法》调整,合同中约定的陈某有违约行为将支付违约金的条款不因《劳动合同法》第二十五条"用人单位不得与劳动者约定由劳动者承担违约金"的规定而无效。因此,陈某与该外派公司不构成劳动关系。

其次,由于陈某与该公司之间发生的是民事合同纠纷,不属于《劳动争议调解仲裁法》第二条规定的"中华人民共和国境内的用人单位与劳动者发生的下列劳动争议"范畴,因此,不必申请劳动争议仲裁,可直接通过人民法院适用《民法通则》和《合同法》解决他们之间的争议。陈某留某国期间,如与所在国企业发生纠纷,根据两国双方建立的研修制度,如陈某尚处于研修生期间,发生纠纷不适用我国劳动保障法律法规;如转为技能实习生后与某国企业签订劳动合同,发生纠纷可运用某国相关劳动法律法规维护自己的合法权益。

该案例说明，出国研修人员应当谨慎选择有资质的劳务派遣公司，与其签订合同时要明确合同的性质是否是劳动合同，特别要注意合同中关于违约责任的条款。

案例十三

劳动者能否以用人单位未办理社会保险为由要求支付经济补偿金

案情简介

某公司于2008年5月与劳动者赵某签订了一年期限的劳动合同，人力资源部门将公司《职工手册》作为劳动合同附件交其阅读后签收。2008年8月的一天，赵某无故不来上班，导致岗位所负责的工序出现空缺。公司人力资源部门依据《职工手册》中劳动纪律的规定，"职工旷工一天，属于严重违纪行为，将予以解除劳动合同"，对赵某做出辞退决定，并向赵某送达了书面通知。此后，赵某向劳动争议仲裁委员会提出仲裁申请，诉称公司自其上班后一直未为其办理社会保险，违反了《劳动法》、《劳动合同法》等法律法规的规定，要求该公司为其补缴社会保险费，并支付半个月工资作为经济补偿。

仲裁结果

劳动争议仲裁委员会立案后，依法组成仲裁庭对该案进行了审理，做出了由被申诉人依法为申诉人参加社会保险参保登记并补缴应由单位承担的社会保险费，驳回申诉人其他仲裁请求的裁决。

评析

本案中，公司在用工期间未按照国家有关规定为劳动者办理社会保险，显然是违法的，公司必须按照劳动保障法律法规的规定为赵某补办社会保险。赵某要求公司为其办理社会保险的仲裁请求是合理合法的，但要求支付经济补偿金显然错误理解了《劳动法》、《劳动合同法》中关于经济补偿金的条款内容。

首先，公司的错误并不影响该公司按照规章制度处罚职工的违纪行为，且该公司在让赵某签收《职工手册》、送达书面辞退决定等一系列程序可以看出，该公司处理违纪行为实体与程序均合法，应当认为该辞退行为合法有效。

其次，《劳动合同法》第三十八条第（三）项规定，用人单位未依法为劳动者缴纳社会保险费的，劳动者可以解除劳动合同；第四十六条第（三）项规定，劳动者依照本法第三十八条规定解除劳动合同的，用人单位应当向劳动者支付经济补偿。根据上述条款，当用人单位存在未提供劳动保护、拖欠工资、不依法缴纳社会保险费等侵害劳动者权益的违法行为时，劳动者可以随时提出解除劳动合同，不仅可以恢复合法权益而且还可以得到经济补偿金。在此制度设计下，一旦用人单位侵害劳动者权益，劳动者可以主动实施解除劳动合同的权利，及时保护自己的合法权益。但赵某在用人单位未为其办理社会保险时，没有行使劳动合同解除权，而在自己因违反用人单位的规章制度被辞退后提出经济补偿要求，显然已经不能得到支持。

《劳动合同法》已经实施几年了，还有不少用人单位不为劳动者办理社会保险、不支付加班费、不按照国家规定提供劳动保护，甚至不签订书面劳动合同，且部分违法行为可能一直处于持续状态。劳动者在职时可能迫于就业压力，不敢拿起法律武器维护自己的合法权益，一旦与用人单位发生劳动争议，用人单位的用工风险就像一颗定时炸弹，随时可能引爆，此时的主动权是操纵在劳动者手中。因此，用人单位千万不能心存侥幸，一定要按照法律法规规定规范管理，才能降低用工风险。

案例十四

雇用司机驾驶挂靠车辆发生交通事故受伤谁该担责

案情简介

魏某自己购买了一辆货车,经过协商,将车辆挂靠在一家取得工商营业执照的某公司,并以该公司名义从事货物营运。同时,双方约定,魏某实行自主经营,自负盈亏,自雇驾驶员;该公司按车辆收取管理费,负责办理营运手续,代收代缴税费;运营中发生交通事故、运输纠纷等均由魏某个人承担,该公司不承担任何责任和债务。

2006年6月初,魏某雇用兰某为驾驶员,让其驾驶车辆从事货物运输。2006年10月,兰某发生交通事故受伤。在工伤认定中,兰某与该公司发生争议,公司认为兰某不是自己的职工,双方之间没有建立劳动关系,兰某是魏某所雇用的驾驶员。该公司称,兰某所驾驶车辆虽然在行驶证上车辆所有人为该公司,但车辆系第三人魏某个人购买,该车的所有权、支配权与收益权属魏某所有,其所购车辆仅与公司形成挂靠关系,兰某未给公司提供劳动,不受公司的管理和支配,其劳动报酬是由魏某支付的,因此,兰某与该公司不存在劳动关系。于是,兰某向劳动争议仲裁委员会提出仲裁申请,请求确认其与该公司之间存在事实劳动关系。

仲裁结果

劳动争议仲裁委员会受理该案后,依法组成仲裁庭,经审理,裁决申诉人兰某与被申诉人双方之间存在事实劳动关系。

评析

第一,本案中,该公司与魏某在协议中约定,魏某实行自主经营,自负盈亏,自雇驾驶员,工作中发生交通事故、运输纠纷等均由魏某个人承担,这是否意味着魏某对驾驶员兰某的受伤负直接责任呢?其实不然。此协议是该公司与魏某签订的内部协议，是用来约束他们双方的，对外不具有法律效力。国务院颁布的《公路运输管理暂行条例》第七条规定，从事营业性公路运输及运输服务的，必须具备一定的经济技术条件，取得经营许可证和营业执照后方可开业。本案中，魏某属于自然人，在其经济技术条件不具备的情况下只能将其自购车辆挂靠于有资质的公司，以该公司的名义自主经营。反言之，是该公司将其部分经营权发包给了魏某，该公司才是挂靠车辆的法定车主和营运主体。因此，兰某的用人主体应当是该公司。

第二，原劳动和社会保障部《关于确立劳动关系有关事项的通知》（劳社部发〔2005〕12号）第一条规定，"用人单位招用劳动者未订立书面劳动合同，但同时具备下列情形的，劳动关系成立：（一）用人单位和劳动者符合法律、法规规定的主体资格；（二）用人单位依法制定的各项劳动规章制度适用于劳动者，劳动者受用人单位的劳动管理，从事用人单位安排的有报酬的劳动；（三）劳动者提供的劳动是用人单位业务的组成部分"。劳动关系的构成要件首先是主体合法，即在劳动者符合法律规定的情况下，作为用人单位的一方必须取得营业执照或登记证书。本案中，魏某属于自然人，其不具备用人主体资格，而该公司是取得营业执照的合法营运主体。因此，兰某与该公司形成劳动关系符合法律法规的规定。

第三，《最高人民法院行政审判庭关于车辆挂靠其他单位经营车辆实际所有人聘用的司机工作中伤亡能否认定为工伤问题的答复》（〔2006〕行他字第17号）也明确指出，个人购买的车辆挂靠其他单位且以挂靠单位的名义对外经营的，其聘用的司机与挂靠单位形成了事实劳动关系，在车辆运营中伤亡的，应当适用《劳动法》和《工伤保险条例》的有关规定认定是否属于工伤。本案正是魏某个人购买的车辆挂靠于该公司，且以该公司的名义对外经营，满足了该答复中所规定的条件，因此，劳动争议仲裁委员会应当裁决确认兰某与该公司之间存在事实劳动关系，该公司应当承担兰某的工伤待遇赔偿的责任。

案例十五

劳动者的身份证过期，用人单位就可以解除劳动合同吗

案情简介

展某于2010年7月被某用人单位聘用。2010年9月，该用人单位为劳动者统一办理银行工资卡。办理过程中，用人单位发现，展某提供的居民身份证已经过期，身份证号码在公安机关的户籍网站上查询不到，无法办理银行工资卡，而且展某不能向用人单位提供居民户口簿。因此，用人单位认为展某没有合法的户籍和居民身份证，不具备作为劳动者的主体资格，于是通知展某解除双方的劳动合同。展某对此提出不同意见，认为本人虽无法向用人单位提供居民户口簿和有效的居民身份证，但本人户口所在地的公安机关为其出具了有效证明，足以证明本人具有中华人民共和国合法公民身份；用人单位与其解除劳动合同不符合法律法规规定，于是向劳动争议仲裁委员会提出仲裁申请，要求用人单位依法向其支付违法解除劳动合同的经济补偿金。

仲裁结果

劳动争议仲裁委员会审理后，查明展某在该用人单位的工作时间不满6个月，被申诉人应当依法向申诉人支付半个月工资标准的经济补偿金，因此裁决该用人单位依法支付展某半个月工资的经济补偿金和1个月工资的违法解除劳动合同赔偿金。

评析

本案中，双方争议的焦点在于该用人单位解除与展某劳动合同的理由是否合法。该用人单位以展某没有合法的户籍和居民身份证，不具备作为劳动者主体资格为由解除双方的劳动合同。那么，应该如何确认一个人是

否具有合法的公民身份呢？

《劳动合同法》第四十八条规定，"用人单位违反本法规定解除或者终止劳动合同，劳动者要求继续履行劳动合同的，用人单位应当继续履行；劳动者不要求继续履行劳动合同或者劳动合同已经不能继续履行的，用人单位应当依照本法第八十七条规定支付赔偿金"。第八十七条规定，"用人单位违反本法规定解除或者终止劳动合同，应当依照本法第四十七条规定的经济补偿标准的两倍向劳动者支付赔偿金"。

目前，劳动者就业流动性大，所处范围广，在同一本居民户口簿中登记了多名家庭成员的信息，不可能要求每个家庭成员都随身携带居民户口簿。公安机关虽然在发放居民身份证时规定了有效期限，作为公民应当在期限终止时及时办理相关手续，但在现实生活中，人们因工作学习紧张、面临的就业压力大，很可能没有充裕的时间及时办理，或在证件丢失时，不能及时补办。在确认一个人的合法公民身份时，应综合考虑其所能提供的各种相关证明，而不能仅局限于某一证件的有无。

本案中，展某提供的居民身份证号码在公安机关户籍网站上查询不到，但查询不到并不等于一定不存在，可能存在信息漏登等原因。而且展某提供了公安机关的有效证明，在没有直接证据证明该证明虚假的情形下，该用人单位仅凭在公安机关户籍网站上未查询到这一事实，就推定展某不具备合法户口和居民身份证缺乏法律依据，劳动争议仲裁委员会对该用人单位的主张不予采纳。据此，该用人单位解除展某的劳动合同缺乏事实及法律依据。

案例十六

王某的工伤待遇应当由谁来承担

案情简介

王某1979年在某国有企业工作时，右眼球被木片打伤。后随着企业的发展，企业更名为某集团公司。2004年2月，该集团公司与某外商投资企业经过多次协商，双方一致决定成立A公司，王某等几十名职工的劳动关系由集团公司转移至A公司，并由A公司与这些劳动者签订了劳动合同。2006年9月，劳动保障行政部门对王某做出了工伤认定，工伤认定的主体为集团公司，劳动能力鉴定委员会鉴定王某为5级伤残。2006年，集团公司将其在A公司享有的股份转让给该外商企业，A公司成为外商独资企业，并更名为B公司。同时，A公司解除了与王某的劳动合同。王某领取了在集团公司和A公司工作期间的经济补偿金，成为B公司职工。2008年，王某由于身体原因不能从事原来的工作，向B公司提出解除劳动合同的请求，要求B公司支付其一次性工伤医疗补助金和一次性伤残就业补助金共计87 000余元。B公司对此予以拒绝，认为王某的工伤待遇不应由其承担。双方多次协商未果，于是，王某向劳动争议仲裁委员会提出仲裁申请。

仲裁结果

劳动争议仲裁委员会受理后，依法组成仲裁庭，公开开庭进行了审理，裁决支持了王某的申诉请求。

评析

劳动争议仲裁委员会在审理过程中，部分劳动仲裁员认为，集团公司应是王某的工伤赔偿责任主体。《工伤保险条例》第三十六条规定，经工伤职工本人提出，该职工可以与用人单位解除或者终止劳动关系，由用人单位支付一次性工伤医疗补助金和一次性伤残就业补助金。在2004年，王某的劳动关系由集团公司转移至A公司，实际上等于他与集团公司解除了劳动关系，按照上述规定和工伤认定结果，王某可以向集团公司要求工伤保险待遇，而不是后来与之建立劳动关系的A公司、B公司。赵某所诉主体有误。

另一部分劳动仲裁员认为，王某的工伤保险待遇应由A公司承担，但A公司作为一个独立的法人主体已经消失，而其所有财产和债权债务均由B公司承继，因此，B公司应是王某的工伤保险赔偿责任主体。《民法通则》第四十四条第二款规定,"企业法人分立、合并,他的权利和义务由变更后的法人享有和承担"。《工伤保险条例》第四十三条规定,用人单位分立、合并、转让的,承继单位应当承担原用人单位的工伤保险责任。本案中,集团公司把包括王某在内的几十名职工的劳动关系统一转移至 A 公司时,并没有支付王某的工伤待遇,也没有与 A 公司就此做出任何约定,王某的工伤保险待遇作为一种潜在的债务,也就随之转移到了 A 公司,之后集团公司退出在 A 公司的股份,A 公司变更为 B 公司时,三方也未就王某的工伤保险待遇作出约定。王某的工伤保险待遇作为一种债务形式,就又转移到了 B 公司。根据最高人民法院《关于审理与企业改制相关民事纠纷案件若干问题的规定》(法释〔2003〕1 号)第七条、第十二条的规定,确立企业合并、分立、转让等在债务负担方面应遵循当事人约定原则以及债务随资产转移原则。集团公司、A 公司、B 公司三者之间对王某的工伤待遇虽无约定,但并不能对抗作为工伤职工的王某所应享有的工伤待遇。B 公司应为王某工伤赔偿责任的主体。

劳动争议仲裁委员会采纳了后一种意见。

案例十七

营业执照被注销,谁来承担鲜某的工伤赔偿责任

案情简介

鲜某于 2007 年 4 月开始到某厂工作,双方未签订书面劳动合同,该厂属于个体经济组织,汪某担任该厂厂长。一日,鲜某在工作中发生意外事故受伤。2008 年 1 月,经当地劳动保障行政部门认定其为工伤;2008 年 10 月,经劳动能力鉴定委员会鉴定其为伤残 2 级,并部分护理依赖。2008 年 11 月,鲜某向当地劳动争议仲裁委员会提出仲裁申请,要求由汪某支付其工伤待遇。劳动争议仲裁委员会立案后,因汪某对伤残鉴定等级持有异议,申请重新对鲜某的伤情进行鉴定,因此,劳动争议仲裁委

员会终止了审理。后经省级劳动能力鉴定委员会鉴定，汪某伤残级别仍为2级。2009年1月，劳动争议仲裁委员会对本案公开开庭审理。庭审时，汪某辩称，其工商营业执照已于2008年2月被工商行政管理部门注销，其用工主体资格已经不存在，所以也就不需要承担任何赔偿责任。而鲜某则认为，工伤认定决定书、伤残鉴定等级结论已经发生法律效力。汪某是在鲜某申请劳动争议仲裁期间，以某厂的名义申请到该省劳动能力鉴定委员会重新鉴定时注销营业执照的，汪某理应承担鲜某的工伤赔偿责任。

判决结果

劳动争议仲裁委员会开庭审理后，裁决支持了汪某的仲裁请求。汪某不服仲裁裁决，依法向人民法院提起民事诉讼，人民法院审理后，判决支持了鲜某的诉讼请求。

评析

劳动争议仲裁委员会在审理该案时有两种意见。一种意见认为，既然该厂营业执照已经被工商行政管理部门注销，用人单位已经不存在了，劳动争议仲裁委员会应当驳回申诉人的仲裁请求。另一种意见认为，虽然该厂营业执照已经被工商行政管理部门注销，但根据工商登记情况，汪某属于个体经济组织，仍需以个人财产对本案的工伤事故承担民事责任。经过讨论，劳动仲裁员统一了思想，一致同意后一种意见。

本案值得注意的问题有两个，一是在实践中经常出现的"借证"、"挂靠"等现象，即个体经济组织的营业执照登记的业主与实际经营者不一致的情况下，如何确定被诉主体？二是劳动者与个体经济组织发生劳动争议时，当该个体经济组织已经被工商行政管理部门注销，应当由谁来承担赔偿责任？

《最高人民法院关于适用〈中华人民共和国民事诉讼法〉若干问题的意见》第四十六条第二款规定，"在诉讼过程中，个体工商户以营业执照登记的业主为当事人。有字号的，应在法律文书中注明登记的字号。营业执照上登记的业主与实际经营者不一致的，以业主和实际经营者为共同被申诉人"。即借用等营业执照的行为，以营业执照登记的业主与实际经营者为共同诉讼人。

个体经济组织虽有用工主体资格，但就其本质而言，在生产经营中业主仍是以自然人的法律身份对外承担责任，其营业执照仅仅是该自然人对外经营的资格证明，以及对该自然人民事行为能力即其经营范围的限制。《民法通则》第二十九条规定，"个体工商户、农村经营户的债务，个人经营的，以个人财产承担；家庭经营的，以家庭财产承担"。因此，本案中，个体经济组织应当以其个人的财产承担民事责任。

案例十八

劳动者的两段工作年限是否可以合并计算

案情简介

李某原为某自收自支事业单位的编制内人员，2007年该单位经改制成为企业。改制的时候，改制文件规定有两种分流方式，供原事业编制人员选择，领取一次性安置费自谋职业，或到新成立的企业工作。选择领取一次性安置费的人员，安置费按本人的工作年限，每满1年领取1.2个月的本人工资，不足1年的按1年计算；选择到新企业工作的，由新企业与其签订不少于3年期限的劳动合同，并执行事业单位的社会保险缴费标准，原事业单位按其工作年限每满1年支付1个月本人工资的经济补偿金，不满1年的按1年计算，但经济补偿金由财政专户管理，职工与新企业解除或者终止劳动合同时，由本人凭劳动保障部门的失业登记证明到财政专户领取。

李某选择了第二种分流方式，与新企业签订了劳动合同后，因新企业业务有限，双方又签订了与劳动合同相同期限的内部退养协议，同时约定协议期满合同即行终止，双方不再续约。2009年4月，双方的劳动合同和内部退养协议到期，用人单位要求与其终止劳动合同，李某则认为，《劳动合同法实施条例》第十条规定，他在原事业单位的工作年限与在新企业的工作年限应合并计算，这样他在本单位工作年限已满15年，且距法定退休年龄不足5年，依据《劳动合同法》第四十二条第（五）项及第四十五条的规定，单位不得终止和他的劳动合同，并应当按照《劳动合同法》第十四条第二款的规定，与其签订无固定期限劳动合同。双方由此发生了争议，于是，李某向劳动争议仲裁委员会提出仲裁申请。

仲裁结果

该案在审理中，劳动争议仲裁委员会根据改制文件和双方劳动关系建立的事实，经过充分释义，促成双方达成调解协议：双方终止劳动合同，单位支付李某与新企业终止劳动合同的经济补偿金，并为李某出具终止劳动合同的有效证明；因原事业单位未参加失业保险，新单位另一次性支付李某18个月失业救济金。

评析

劳动争议仲裁委员会认为，李某在原事业单位的工作年限不应当连续计算为改制后成立的企业工作年限。

《劳动合同法实施条例》第十条规定，劳动者非本人原因从原用人单位被安排到新的用人单位工作的，劳动者在原用人单位的工作年限合并计算为新用人单位的工作年限。而从本案看，原事业单位改制时，改制文件提供了两种人员分流方式，由职工本人选择，职工可以选择领取一次性安置费自谋职业，也可以选择到新成立的企业工作。

而且从改制文件可以看出，职工选择到新成立的企业工作，有一个前提，即新企业也要同意接受选择到本单位工作的职工，双方才能签订劳动合同，建立劳动关系。这就意味着职工与新企业，就双方是否建立劳动关系均有了选择权。同时，选择到新企业工作的职工，原单位已经按照法律法规的规定支付了经济补偿金。因此，这种双方之间经自由选择建立的劳动关系，职工在原事业单位工作的年限，是不应当合并计算为新企业的连续工作年限的。

双方签订调解协议后，终止了劳动合同，李某到劳动保障部门办理就业登记手续，并持就业登记证明，到财政专户领取了原事业单位解除人事关系的经济补偿金。

案例十九

劳动者的人事档案丢失，由谁承担责任

案情简介

闫某于 1982 年 2 月 6 日起在某公司工作，1984 年因刑事犯罪被人民法院判处有期徒刑。1984 年，该公司向总公司请示后，做出了开除闫某的决定。1994 年，闫某刑满释放后回原地办理落户手续。此后，闫某多次去公司和总公司寻找他的人事档案，但均未找到。1997 年 1 月 18 日，总公司决定将某公司与另外三家公司合并成立某中心，原公司的全部债权债务由中心承担。2009 年 3 月，闫某在多次寻找档案未果的情况下，向劳动争议仲裁委员会提出仲裁申请，要求该公司找回他的档案并按规定转移，补缴 1996 年至 2009 年的养老、医疗、失业三项社会保险费；支付 1996 年至 2009 年年底的最低生活保障金；支付其医疗费 37 179 元。

仲裁过程中，某公司辩称该公司注销后所有职工均归总公司管理，总公司系独立法人单位。劳动争议仲裁委员会经审查决定追加某中心为第三人。某中心组织人员对闫某的人事档案进行认真查找，发现了一份闫某人事档案转出的存根，显示 1985 年 10 月 14 日闫某的档案由原公司转至当地派出所，但未加盖派出所的接收章，除此以外，没有其他证据说明闫某的人事档案已经有效转出，也无法找到闫某的人事档案。某中心还主张闫某的请求已经超过仲裁时效，认为劳动争议仲裁委员会依法应予以驳回。

仲裁结果

劳动争议仲裁委员会经过审理，并根据闫某提出的仲裁请求、目前的实际生活状况和工作年限，结合当地城市居民最低生活保障标准等因素，裁决某中心向闫某支付丢失其人事档案的赔偿金 40 000 元，驳回了闫某

的其他仲裁请求。

评析

第一，如果总公司在撤销某公司时未能明确债权债务的承担者，总公司就应当对此承担责任。本案中，总公司在撤销某公司的同时，已经明确某公司及其他三家公司重组成立的某中心对某公司的债权债务承担责任。鉴于此，闫某要求总公司来承担责任没有道理。

第二，本案中，该中心是否存在过错？该中心在原公司撤销后，作为原公司债权债务的承担单位，负有对所有职工人事档案保管的义务，虽然该中心提供了闫某的人事档案转出存根，但该存根没有接收单位信息反馈，且该中心也未能提供其他任何证据证明闫某的人事档案已经被派出所有效接收，因此，劳动争议仲裁委员会对于闫某人事档案已经转出的主张不予采纳。

第三，某中心主张的闫某的仲裁请求已经超过仲裁时效是否成立？闫某在刑满释放回来后，一直就其人事档案问题在原公司和总公司进行寻找和协商，上述行为已经表明其在及时主张权利。闫某虽然未向新成立的某中心主张过权利，但只是对主体认识有误，且追加某中心作为与本案处理结果有利害关系的第三人，是劳动争议仲裁委员会审理后认定的结果。因此，对某中心超时效的主张，劳动争议仲裁委员会不予采纳。

劳动争议仲裁委员会审理后认为，人事档案是劳动者取得就业资格、缴纳社会保险费、享受相关待遇所应具备的重要凭证，原公司将闫某开除后，未将其人事档案按照国家政策规定及时有效地予以转出，造成闫某的人事档案下落不明，影响了闫某此后的就业及享受相关待遇；某中心作为原公司债权债务的承担者及其所属职工人事档案的管理者，未尽到保管义务，致使其人事档案丢失，具有过错，应当依法承担赔偿责任。

案例二十

不服部分裁决是否导致裁决结果无效

案情简介

崔某于2010年在某工地打工时受到意外事故伤害，经过工伤认定和劳动能力鉴定后，崔某要求用人单位按照《工伤保险条例》的规定向其支付工伤待遇，但是遭到用人单位的拒绝。崔某多次找到用人单位进行协商，用人单位都置之不理。无奈之下，崔某向劳动争议仲裁委员会提出仲裁申请，要求用人单位按照法律法规规定支付其停工留薪期待遇以及治疗费、护理费等其他待遇。劳动争议仲裁委员会审理后，裁决支持了崔某的绝大部分请求，但护理费一项除外。崔某不服仲裁裁决，单就护理费一项向人民法院提起民事诉讼。

判决结果

人民法院审理后，在判决书中对崔某在申请劳动争议仲裁时提出而在起诉时没有提出的停工留薪期待遇和治疗费一并做出了判决。判决用人单位按照法律法规规定依法支付崔某的各项工伤待遇。

评析

本案中，崔某虽然未对停工留薪期待遇和治疗费提起诉讼，但人民法院经审理认为，由于一方当事人起诉后，仲裁裁决便不发生法律效力，这类案件一进入诉讼程序，双方当事人就恢复到争议发生时的原始状态。鉴于此，人民法院在审理中，应当要求原告对仲裁裁决的每一项内容提出意见，然后进行全面审理。这样处理既考虑到实际情况，而且原告已就每一项仲裁裁决都提出了意见，不违背"不告不理"原则。

一般来说，鉴于劳动争议仲裁的前置地位，一旦当事人对仲裁裁决不服而提起诉讼，人民法院应当就裁决的全部事项逐一做出判决。因此，劳动者对劳动争议仲裁的部分裁决不服而提起民事诉讼,并不是放弃了其他请求事项,而是认为,得到仲裁支持的事项,在诉讼中也应得到支持。但是根据最高人民法院《关于审理劳动争议案件适用法律若干问题的解释》(法释〔2001〕14号)第十七条的规定,劳动争议仲裁委员会做出仲裁裁决后,当事人对仲裁裁决中的部分事项不服,依法向人民法院起诉,劳动争议仲裁裁决不发生法律效力。

因此,本案在审理时就会面临一个问题。依据民事诉讼"不告不理"的原则,当事人崔某对劳动争议仲裁裁决中的部分事项,即护理费这一项裁决不服而提起诉讼,人民法院就只能对该部分事项提出的诉讼请求进行审理。但是根据最高人民法院的司法解释,劳动争议仲裁裁决此时已全部失效,也就是对崔某停工留薪期待遇和治疗费等事项的裁决也已一并归于失效,实质上等于崔某失去了向人民法院申请强制执行的依据,反而成了不可执行的"无效裁决"。反过来说,如果人民法院对劳动争议仲裁裁决的全部内容重新进行审理,虽然解决了当事人因部分裁决未起诉而一并归于无效最终无法执行的难题,但又违反了民事诉讼"不告不理"的原则。这实际上就出现了劳动争议诉讼程序和一般民事诉讼程序的冲突和衔接问题。对于这种冲突,由于最高人民法院并没有十分明确的规定,对于劳动者来说如果对仲裁裁决部分不服向人民法院起诉的,最好的办法就应当将全部仲裁事项在起诉书中一一列明,以维护自己的合法利益。

根据《最高人民法院对原劳动部〈关于人民法院审理劳动争议案件几个问题的函〉的答复》的规定,劳动争议当事人对仲裁决定不服,向人民法院起诉的,在判决书、裁定书、调解书中不应含有撤销或者维持仲裁决定的内容。按照该函的要求,人民法院也不能在判决书、裁定书、调解书中对当事人提起的部分劳动争议仲裁裁决事项做出维持仲裁裁决的内容。所以,用人单位可以利用不服某一项仲裁裁决率先提起诉讼,人民法院为进行全面审理,应当就其对仲裁裁决的其他内容是否提出意见进行询问。作为原告的用人单位为使其他仲裁裁决归于无效,不会对其他裁决事项提出意见,"没有意见"即赞成仲裁裁决,但人民法院并不能以此判决维持仲裁裁决,同时又无法深入审理,因此,判决书中对于其他未提起诉讼的事项在陈述上可能会不同于原仲裁裁决。最终生效的是判决书,而非仲裁裁决。因此，由于人民法院无法深入审理而疏漏的内容可能会使劳动者陷入非常不利的境地。所以，即使用人单位在其所提诉讼的那部分仲裁裁决上最终败诉，但在对于其他未提起诉讼的事项上用人单位很可能已经胜诉了。这样其就达到了仲裁裁决失效的目的。

案例二十一

人民法院可否对政府规章的效力进行判定

案情简介

安某系某用人单位职工，该单位已经参加了工伤保险。2007年9月，安某因公出差途中遭遇车祸死亡，2007年10月，安某的亲属魏某因此获得民事赔偿。2008年1月，安某被劳动和社会保障行政部门认定为工亡，当地社会保险经办机构在核定安某工亡待遇时，依据该省人民政府2003年出台的《实施〈工伤保险条例〉暂行办法》（以下简称"《暂行办法》"）的规定，扣除了魏某已经获得的民事赔偿。魏某不服，向省级劳动保障行政部门提出行政复议申请，要求撤销社会保险经办机构做出的具体行政行为。

该省劳动保障行政部门认为，安某工亡待遇应该按照国务院《工伤保险条例》及《暂行办法》的规定执行。《暂行办法》第三十六条规定，"因交通事故引起的工伤，应先取得民事赔偿。获得民事赔偿总额低于工伤保险待遇的，由工伤保险经办机构或用人单位补足差额"。所以，社会保险经办机构依此规定做出的扣除魏某已经获得的民事赔偿的行政行为是合法有效的，因此行政复议决定维持了社会保险经办机构的具体行政行为。

魏某对该复议结果不服，于是向人民法院提起行政诉讼。一审法院认为，按照最高人民法院《关于审理人身伤害赔偿案件适用法律若干问题的解释》第十二条规定，"依法应当参加工伤保险统筹的用人单位的劳动者，因工伤事故遭受人身损害请求用人单位承担民事赔偿的，告知其按《工伤保险条例》的规定处理"。由于《工伤保险条例》没有明确规定此项内容，所以按《暂行办法》规定，社会保险经办机构的做法并没有影响魏某取得民事赔偿及工伤保险待遇，一审人民法院判决驳回了魏某的诉讼请求。魏某不服判决，上诉至中级人民法院。

判决结果

中级人民法院认为，从《工伤保险条例》的规定看，只要客观上存在工伤保险关系，就不应当影响权利人主张工伤保险待遇，一审人民法院的判决适用法律错误，社会保险经办机构核定工伤保险待遇时扣除魏某已经获得的民事赔偿没有法律依据，于是判决支持了魏某的上诉请求。

评析

本案经过行政复议、一审和二审，结果迥异。看似争论的焦点是"单赔"还是"双赔"问题，其实质是政府规章的制定和执行问题。一审、二审人民法院均认可魏某符合享受工伤保险待遇和民事伤害赔偿的条件，其关键区别在于对经办机构是否应当扣除魏某已经获得的民事赔偿有不同意见，即该省人民政府发布的《暂行办法》是否合法有效的问题。

二审人民法院认为，《暂行办法》与《工伤保险条例》相违背，这种观点是不恰当的。主要理由有两个：一是《行政诉讼法》第五十三条规定，"人民法院认为地方人民政府制定、发布的规章与国务院部、委制定、发布的规章不一致的，以及国务院部、委制定、发布的规章之间不一致的，由最高人民法院送请国务院作出解释或者裁决"，二审人民法院如果认为政府规章与国家法规不一致，必须由最高人民法院送请国务院作出解释或者裁决，而不能简单依照最高人民法院对其他省份的答复就判定政府规章不能适用于本案；二是二审人民法院援引错误。《暂行办法》是该省人民政府常务会议通过的政府规章，没有违反上位法的强制性规定，在该省具有当然的法律效力，最高人民法院的答复只是对个案的一般性指导意见，并不具有有通用性。

二审人民法院的判决结果，与该省工伤保险政策相悖，直接否定了政府规章，使政府机构行使权力无据可依，不利于行政管理工作的正常开展；而且，该案的审判结果，推翻了此类工伤人员以往按《暂行办法》已经核定的工伤保险待遇，社会负面影响较大。

案例二十二

劳动者要求支付50%的赔偿金投诉是否应当受理

案情简介

2003年9月10日，章某与某公司建立劳动关系，但实际上一直在该公司独资开办的独立法人实体A公司工作，工资、社会保险费均由A公司发放、缴纳。2008年4月24日，A公司终止了与章某的劳动关系，并支付章某2 500元经济补偿金。几天后，章某向劳动争议仲裁委员会提出仲裁申请，要求A公司支付终止事实劳动关系的经济补偿金10 000元及未按法律规定及时给予经济补偿金的50%赔偿金。劳动争议仲裁委员会审理后，裁决A公司支付章某经济补偿金（扣除已付的2 500元）余额9 200元等，但对于章某要求支付50%赔偿金的请求，劳动争议仲裁委员会以其不属于受理范围为由予以驳回。章某对仲裁裁决不服，先后向一审人民法院、中级人民法院提起诉讼。2008年6月，中级人民法院做出裁定，指令一审人民法院对案件继续进行审理。2008年8月，章某撤诉。

2008年10月，章某向当地劳动保障监察支队投诉，要求A公司按经济补偿金余额9 200元的50%支付赔偿金4 600元。

处理结果

劳动保障监察支队经审查，认为不应当受理该案，理由是劳动争议仲裁委员会驳回50%赔偿金的裁决应当视为对章某的实体权利进行了处理，于是做出不予受理的决定。

评析

　　劳动保障监察支队对于是否应当受理此案有两种不同观点：一种观点认为应当受理，理由是章某要求公司支付经济补偿等争议已经由劳动争议仲裁委员会做出裁决，章某向人民法院申请撤诉后，裁决书发生法律效力，因此仲裁裁决书中认定 A 公司尚未支付章某经济补偿金 9 200 元的事实，可以作为认定 A 公司违法行为的依据；而且劳动争议仲裁委员会以其不属于受理范围为由驳回章某要求加发 50% 赔偿金的请求，并未对章某的实体权利作出处理，劳动保障监察机构应当受理。另一种观点认为，章某对劳动争议仲裁委员会的裁决不服，完全可以通过提起诉讼来主张权利。《劳动保障监察条例》第二十一条第二款规定，对应当通过劳动争议处理程序解决的事项，或者已经按照劳动争议处理程序申请调解、仲裁或者已经提起诉讼的事项，劳动保障行政部门应当告知投诉人依照劳动争议处理或者诉讼的程序处理。

　　《劳动保障监察条例》第二十六条规定，对于用人单位解除劳动合同未依法给予劳动者经济补偿的，由劳动保障行政部门责令限期支付解除劳动合同的经济补偿；逾期不支付的，责令用人单位按照应付金额 50% 以上 1 倍以下的标准计算，向劳动者加付赔偿金。《劳动合同法》第八十五条也做了同样的规定，即用人单位有下列情形之一的，由劳动保障行政部门责令限期支付劳动报酬、加班费或者经济补偿；劳动报酬低于当地最低工资标准的，应当支付其差额部分；逾期不支付的，责令用人单位按应付金额 50% 以上一倍以下的标准向劳动者加付赔偿金：①未依照劳动合同的约定或者国家规定及时足额支付劳动者劳动报酬的；②低于当地最低工资标准支付劳动者工资的；③安排加班不支付加班费的；④解除或者终止劳动合同，未依照本法规定向劳动者支付经济补偿的。可见，加付赔偿金的前提条件是用人单位经劳动保障行政部门责令限期支付而逾期不支付的。本案中，章某与 A 公司之间的争议已经劳动争议仲裁委员会和人民法院处理解决，并未经劳动保障行政部门责令改正，因此，劳动保障行政部门不能直接责令公司加发 50% 赔偿金。倘若劳动保障行政部门受理章某投诉后责令 A 公司限期支付已经劳动争议仲裁委员会或人民法院裁判的经济补偿金，则涉嫌行政干预司法。

"责令用人单位加付赔偿金"是劳动保障行政部门对用人单位存在无故克扣和拖欠工资、低于最低工资标准支付工资、拒不依法支付解除劳动合同经济补偿金等违法行为在责令其改正而未改正所采取的一项行政措施，并非是劳动者可以选择的投诉请求或者诉求。当然，劳动保障监察机构决定不予受理的，可能会面临承担行政不作为的风险。

按照《劳动合同法》和《劳动保障监察条例》的规定，用人单位拖欠工资的，只有经劳动保障行政部门责令改正逾期未改正的，才承担50%以上1倍以下的赔偿金。即使劳动者向劳动保障监察机构举报投诉，用人单位也会扯出许多无关紧要的争议，由于举证规则缺失，在工资台账不全、考勤资料缺失、拖欠工资或经济补偿数额不清的情况下，劳动保障监察机构无法认定事实而陷入困境，只好告知劳动者向劳动争议仲裁委员会申请仲裁。一旦通过仲裁或诉讼渠道，则赔偿金也失去了执行的前提。

案例二十三

该拿的提成没有拿到，劳动者敢离职吗

案情简介

石某于2008年入职某公司，双方签订了书面劳动合同，担任该公司的市场营销员。但在劳动合同书第六项劳动报酬的"工资数额"一栏没有填写任何内容，仅约定如石某胜任工作，其工资依据公司相应的制度发放。2009年，石某因提成工资发放问题与公司发生了争议，并于2009年2月离职。离职几天后，石某向劳动争议仲裁委员会提出仲裁申请，请求劳动争议仲裁委员会依法裁决公司支付其2008年度的销售提成共计210 000多元。

仲裁结果

劳动争议仲裁委员会审理后认为，依据《工资支付规定》的规定，用人单位依法终止、解除劳动合同的，用人单位应当一次性付清劳动者工资。而且公司未提供充分证据证明石某不能胜任工作的有效证据，应当承担不利后果。于是，劳动争议仲裁委员会裁决支持了石某的仲裁请求。

评析

首先，用人单位的提成规定，属于用人单位规章制度的一部分，一般都被视为用人单位的商业秘密，不会写入劳动合同当中。因此对劳动者而言，其在证据保留方面处于劣势地位。所以，对于此类案件如何认定事实，法律做出了特殊的规定。根据最高人民法院《关于民事诉讼证据的若干规定》第六条、《关于审理劳动争议案件适用法律若干问题的解释》第十三条的规定，用人单位对是否存在提成规定负举证责任。本案中，某公司与石某签订的劳动合同中工资项未填写，公司也没有提供其他证据证明石某不能胜任工作及在此情况下的工资计算依据及标准，只是对石某的证据和主张一味否定。这就可以确定公司应当承担对提成规定举证不能的后果。

其次，根据公司的规章制度或者行业惯例，用人单位往往会将销售回款情况作为支付提成款的前提。也就是说，劳动者在代表公司对外签订营销合同后与领取提成款之间会有一个时间差。如果劳动者在回款还没有到账时与用人单位解除或者终止了劳动关系，用人单位往往会拒付提成或主张在回款到账后再行支付，这就涉及提成条件成立与否的认定问题。

最后，由于劳动者离职后，不可能掌握用人单位的财务往来情况，销售货款是否如约收到，其无从知晓。此时，要求劳动者举证也显得过于苛求。而对于用人单位来说，其完全有能力举证证明销售款回收情况。所以，如果用人单位不积极地通过公开财务资料的方式进行举证，则其应承担不利后果，按劳动者的主张支付提成款。既然劳动者代表用人单位对外签订的合同已经开始履行，那么，履行中出现的风险就应当由用人单位承担，即使回款没有全部到账，用人单位也应在解除劳动合同时及时支付劳动者提成款。

案例二十四

劳动者上下班途中遭遇车祸致伤能否得到双重赔偿

案情简介

祁某是某厂职工。2009年2月15日,祁某下班途中,骑自行车在路上正常行驶,突然马路对面的一辆轿车冲过来将其撞倒。公安部门于2009年2月27日做出了《交通事故责任认定书》,认为在这起交通事故中,轿车驾驶员武某违章逆行,对事故承担全部责任。祁某据此获得了武某200 000元的伤害赔偿。

祁某出院后,向劳动保障行政部门申请工伤认定。之后,劳动保障行政部门认定祁某受到的伤害属于工伤,同时劳动能力鉴定委员会对其伤残等级进行了鉴定,鉴定结果为2级伤残。祁某多次要求用人单位支付工伤待遇,但遭到用人单位的拒绝。于是,祁某向劳动争议仲裁委员会提出仲裁申请,要求用人单位按照法律法规规定,依法向其支付工伤保险各项费用150 000元。该厂坚持认为同一伤害不能获得两次赔偿。劳动争议仲裁委员会审理后,裁决支持了祁某的仲裁请求。用人单位不服裁决,向人民法院提起民事诉讼。

判决结果

人民法院受理该案后,经审理,做出了支持某厂诉讼请求的判决。

评析

该案在处理过程中有两种意见。一种意见认为,因第三人侵权发生工伤的,民事侵权责任与工伤保险待遇性质不同,并不冲突,工伤职工可以同时享受。《最高人民法院关于审理人身损害赔偿案件适用法律若干问题的解释》第十二条第二款规定,"因用人单位以外的第三人侵权造成劳动者人身损害,赔偿权利人请求第三人承担民事责任的,人民法院应予支持"。另一种意见则认为,工伤职工重复享受赔偿显然超过了工伤职工的损失,因此,在这种情况下只允许工伤职工获得差额赔偿。

由于所依据的法律法规有所不同,因而对该案的处理结果也不相同。有的是根据当地的规定,比如某地《工伤保险实施办法》第三十二条规定,"工伤事故兼有民事赔偿(包括交通事故)的,先按民事赔偿处理,赔偿金额低于工伤保险待遇标准的,其差额由工伤保险基金补足"。某地《工伤保险实施办法》第四十四条规定,"因机动车事故或者其他第三方民事侵权引起工伤,用人单位或者工伤保险基金按照本办法规定的工伤保险待遇先期支付的,工伤人员或者其直系亲属在获得机动车事故等民事赔偿后,应当予以相应返还"。某高级人民法院《关于审理工伤认定行政案件若干问题的意见》(试行)中规定,"因机动车事故引起的工伤,应当首先按照《道路交通安全法》等相关法律法规的规定处理赔偿问题。机动车事故赔偿已经给付医疗费、护理费、残疾用具费、误工工资、丧葬费等费用的,工伤保险经办机构不再支付相应待遇"。

案例二十五

劳动者采用哪种维权方式更有效

案情简介

2009年2月,梁某被某单位招聘。工作期间,梁某与公司没有签订劳动合同,也没有参加社会保险。2010年4月22日,梁某在与送货工人一起往单位搬运材料时,不慎摔倒受伤。之后,梁某被单位负责人杨甲送到医院住院治疗,医院诊断其右股骨胫骨折。期间的治疗费用全部由单位支付。出院后,梁某仍需卧床休息,还需复查并进行二次手术。但单位为梁某就近找了一间出租房,并支付了头一个月的房租费。之后,单位认为梁某受伤是自己不小心造成的，单位不再支付任何费用。

于是，梁某于2010年6月将用人单位告上人民法院。人民法院审理后认为，该单位负责人与营业执照上的负责人不符，营业执照上注明的负责人为杨乙，于是裁定诉讼主体不适格。驳回了梁某的起诉。后梁某转而以雇员伤害赔偿纠纷的案由重新向人民法院提起诉讼。

判决结果

人民法院开庭审理后了解到，杨甲与杨乙是孪生兄弟，杨甲只是借用杨乙的营业执照。于是法院认定，该单位实际负责人是杨乙，梁某系其雇员，根据最高人民法院《关于审理人身伤害赔偿案件适用法律若干问题的解释》的相关规定，判决该单位实际负责人杨乙支付梁某各项赔偿金69 959元。

评析

劳动者可以采用两种维权方式，一种是工伤待遇索赔，另一种是人身意外伤害赔偿。采取工伤索赔的维权途径，当事人必须经过申请工伤认定、劳动能力鉴定和工伤待遇索赔三个阶段，而且这其中先后会涉及确认劳动关系、工伤认定争议、伤残鉴定争议、工伤待遇争议等诸多争议，而几乎每个争议都需要经历"一裁两审"程序。

由于工伤索赔程序复杂、花费的时间较为漫长，况且梁某与单位之间没有签订书面劳动合同，在证明事实劳动关系时尚存在举证困难和风险，而且，即使证明了事实劳动关系，由于该单位并没有依法参加工伤保险，梁某想要得到工伤保险待遇有待时日。

雇员损害赔偿是人身损害赔偿纠纷的一种，是指雇员在从事雇佣活动中遭受到人身伤害而引发的损害赔偿纠纷。最高人民法院《关于审理人身损害赔偿案件适用法律若干问题的解释》第十一条规定，雇员在从事雇佣活动中遭受人身损害的，雇主应当承担赔偿责任。即便损害是第三人造成的，也可以请求雇主赔偿。

本案中，梁某应以雇员伤害赔偿纠纷起诉较为稳妥，原因有两个：首先，梁某与该单位负责人杨乙之间的雇佣关系，较劳动关系更好证明；其次，杨乙提出第三人承担责任的抗辩理由也很难成立。这样，人民法院在认定事实上就会很清楚，适用法律也比较明确，日后如果强制执行也很方便。在赔偿数额上，判决应该有更详细的说明，否则很难让当事人对 69 959 这个数字信服。

人身损害赔偿的前提是民事关系，也就是说，侵权人与受害人之间不存在人和物的依附性，彼此都是独立的。而本案中的劳动者接受单位的管理，遵守单位的劳动纪律和工作规则，从单位领取劳动报酬，等等，用人身损害赔偿来处理这种情形之下的劳动者伤亡并不恰当。因此，为了更好地保护劳动者，加大对不法用工单位的惩罚，应该选择原劳动部《非法用工单位伤亡人员一次性赔偿办法》的有关规定处理本案。

《非法用工单位伤亡人员一次性赔偿办法》规定，非法用工单位是指没有营业执照的用人单位，没有依法经过工商登记、备案的单位，以及被依法吊销营业执照或者撤销登记、备案的单位。也就是说，这样的单位不具备用工的主体资格，其与雇职工之间不构成劳动关系，发生伤害事故也不能认定为工伤。

本案中，该单位属于典型的非法用工单位，由其支付的一次性赔偿标准不得低于工伤保险待遇。根据《非法用工单位伤亡人员一次性赔偿办法》的规定，梁某可以获得的赔偿包括治疗期间的生活费、医疗费、护理费、住院伙食补贴、交通费等支出，以及一次性伤亡赔偿金。

案例二十六

劳动者能否在医疗期内向用人单位提出辞职

案情简介

1998 年 10 月，叶某到某厂工作，双方签订了为期 15 年的劳动合同。2009 年 3 月，叶某被诊断为结核病。之后，该厂给予其 12 个月的医疗期。当医疗期至第七个月其病情有好转时，叶某找到了一份既轻松工资又高的工作。但是，叶某没有将这一实情告知单位，而是向单位递交了一份辞职申请。申请称，因其身体原因不能胜任工作，因此提出与该厂解除劳动合同，并要求单位给予其11个月工资作为经济补偿金。该厂则认为，叶某在医疗期内不应当提出解除劳动合同；如果非要单方面解除劳动合同，则无权要求用人单位支付经济补偿金。双方由此发生争议。叶某向劳动争议仲裁委员会提出仲裁申请，要求裁决双方签订的劳动合同于2009年10月1日起解除，用人单位向其支付经济补偿金。

仲裁结果

劳动争议仲裁委员会受理后，主持双方进行调解。最后，双方达成一致意见，自仲裁调解书生效之日起，叶某与该厂签订的劳动合同自行解除；调解生效当日，该厂一次性支付叶某经济补偿金6 000元。

评析

本案有两个问题，一是医疗期内劳动者的辞职权问题，二是医疗期内劳动者提出解除劳动合同经济补偿金的给付问题。

首先，医疗期内，劳动者能否提出辞职呢？回答是肯定的。《劳动法》第二十九条规定，"劳动者有下列情形之一的，用人单位不得依据本法第二十六条、第二十七条的规定解除劳动合同：（一）患职业病或者因工负伤并被确认丧失或者部分丧失劳动能力的；（二）患病或者负伤，在规定的医疗期内的；（三）女职工在孕期、产假、哺乳期内的；（四）法律、行政法规规定的其他情形"，这一条款是法律对用人单位解除劳动合同权的限制，并非对劳动者辞职权的剥夺。另外，其他法律法规也没有对劳动者在医疗期内提出辞职作出禁止性规定。法律规定，当事人可以对自己的权利作出放弃，只要这种放弃符合我国《民法通则》第五十五条的规定，即只要行为人具有相应的民事行为能力、意思表示真实且不违反法律或社会公共利益的行为均是有效行为。因此，只要用人单位给劳动者讲清了其在医疗期应享有的权利，劳动者仍要辞职，用人单位是应当准许的。

其次，医疗期内劳动者向用人单位提出辞职，用人单位是否必须支付经济补偿金呢？当然不是。劳动者提出辞职并非用人单位的过错所致，因此，双方劳动合同的解除应视为双方当事人协商一致情形下的解除。原劳动部《关于实行劳动合同制度若干问题的通知》（劳部发〔1996〕354号）第二十条规定，劳动者按照《劳动法》第二十四条的规定，主动提出解除劳动合同的，用人单位可以不支付经济补偿金。本案中，显然是劳动者主动提出解除劳动合同的，用人单位本来是不需要支付经济补偿金的。但是考虑到其他情形，经劳动争议仲裁委员会主持调解，用人单位支付劳动者一定的经济补偿金，不仅不违背法律法规规定，更有利于构建和谐稳定的劳动关系。

案例二十七

谁来承担计件工资标准举证责任

案情简介

2008年1月陈某受聘于某厂，双方没有签订书面劳动合同，只是口头约定陈某的工资按件计酬，按月定期支付。2008年12月陈某以该厂未签订书面劳动合同、未依法参加社会保险和缴纳社会保险费为由离开了该厂。2009年1月，陈某向劳动争议仲裁委员会提出仲裁申请，要求该厂以每月工资标准2 500元为基数，向其支付未签订书面劳动合同的两倍工资27 500元；支付解除劳动关系的经济补偿金2 500元；补缴2008年1月至12月期间的社会保险费。该厂辩称，陈某在该厂工作期间，双方没有签订书面劳动合同的事实属实，该厂同意向其支付两倍工资、经济补偿金，并同意为其补缴社会保险费，但不能接受陈某提出的2 500元的计算标准，并认为陈某在职期间实际月平均工资应为1 500元左右。陈某向劳动争议仲裁委员会提交了一份记录，记载了在该厂上班期间所做的工件数，并按工件数计算其月工资标准应为2 500元。该厂对陈某提交的证据均不予认可，但也没有举证证明陈某的工资标准。

劳动争议仲裁委员会审理后认为，陈某的记录属于单方记录且无其他证据予以佐证，该厂又不予认可，因此，陈某不能证明自己的月工资标准应为 2 500 元。但是，该厂也没有举证，应当承担举证不能的不利后果。陈某未能提供证据证明其工资标准，可参照该厂同工种人员的工资数额，由此确定了陈某的月平均工资为 1 800 元为宜。劳动争议仲裁委员会认为，应以 1 800 元作为用人单位支付两倍工资及解除劳动关系经济补偿金的工资标准，裁决该厂为陈某补缴自 2008 年 1 月至 12 月期间社会保险费，具体数额依社会保险经办机构核定的为准；支付未签订书面劳动合同的两倍工资 19 800 元以及解除劳动关系的经济补偿金 1 800 元。

判决结果

仲裁裁决送达后，该厂不服仲裁裁决，向人民法院提起诉讼，请求人民法院依法撤销劳动争议仲裁委员会作出的仲裁裁决。人民法院审理后，认为劳动争议仲裁委员会处理案件程序合法，适用法律得当，裁决结果并无不妥。于是，判决支持了仲裁裁决。

评析

最高人民法院《关于民事诉讼证据的若干规定》第六条规定，因用人单位作出开除、除名、辞退、解除劳动合同、减少劳动报酬、计算劳动者工作年限等决定而发生争议的，由用人单位对决定所依据事实和法律承担举证责任。从这一规定看，法律并未对此类劳动争议中工资标准的举证责任问题作出明确的规定。这种情况下，涉及劳动仲裁员对举证责任的自由裁量权问题。

《劳动争议仲裁证据若干问题的规定》第五条规定，"以有关法律或本规则无法确定举证责任承担时，仲裁委可以根据公平原则和诚实信用原则，综合当事人举证能力等因素确定举证责任的承担"。《关于民事诉讼证据的若干规定》第七条规定，"在法律没有具体规定，依本规定及其他司法解释无法确定举证责任承担时，人民法院可以根据公平和诚实信用原则、综合当事人举证能力等因素确定举证的承担"。在法律或司法解释没有规定的情况下，必须赋予劳动仲裁员或者法官举证分配的自由裁量权。

劳动仲裁员、法官在证明责任分配自由裁量时，应考虑公平正义原则、诚实信用原则分配承担责任。

本案中，该厂应当依法建立完善的会计账目和档案，工资花名册也是由用人单位保管的会计资料，因而收集此类证据的能力和劳动者相比也更具优势，基于这一认识，劳动争议案件中的证据责任应当向有利于劳动者的方向倾斜，实现实质公正。因此，劳动争议仲裁委员会裁决该厂承担劳动者工资标准的举证责任是妥当的。

案例二十八

合同约定不能掩盖双方之间的劳动关系

案情简介

2007年1月，甲公司为其与某外资公司合作的一个项目招聘高级专家，慕某为最佳人选。甲公司要求慕某在正式合同签署之前，不能与其他单位再签订协议。2007年2月，慕某与甲公司正式签订了一份为期3年的《高级专家顾问合同》，慕某负责该项目的宣传工作。双方在合同中约定了报酬标准、支付周期等。但同时，合同中也约定"双方在一份独立的合作合同框架内建立合同关系，专家将在没有任何授权或隶属关系的前提下履行工作，有关劳动合同的中国法律不适用于本合同"，并且社会保险由慕某自行处理。2008年7月10日，甲公司以电子邮件的形式通知慕某，因为多次收到项目合作伙伴对慕某工作能力表示不满的投诉，甲公司认为慕某没能按照合同要求履行工作职责，决定提前终止双方之间的合同。慕某收到电子邮件的通知后，认为该公司还未支付自己2008年6月至7月的工资以及相关费用，于是向劳动争议仲裁委员会提出仲裁申请，要求甲公司支付自己6月至7月的工资和经济补偿金。

劳动争议仲裁委员会审理后认为，慕某与甲公司所签订的《高级专家顾问合同》具备劳动合同的构成要件，双方之间应为劳动关系，于是裁决支持了慕某要求甲公司支付2008年6月至7月共计两个月的工资以及拖欠工资的25%经济赔偿金的请求。

判决结果

甲公司不服劳动争议仲裁委员会的裁决，向人民法院提起民事诉讼。人民法院根据合同中"专家将在没有任何授权或隶属关系的前提下履行工作，有关劳动合同的中国法律不适用于本合同"、社会保险由慕某自行处理等内容，认定双方之间建立的是劳务关系，因此不适用《劳动法》、《劳动合同法》的调整，判决甲公司向慕某支付2008年6月和7月的劳务报酬，但慕某要求支付拖欠工资的25%经济赔偿金的请求不予支持。

评析

双方之间到底属于劳动关系还是劳务关系，是本案争议的焦点。劳动仲裁员认为慕某与甲公司之间建立的是劳动关系。原劳动和社会保障部《关于确立劳动关系有关事项的通知》（劳社部发〔2005〕12号）中规定，符合以下三个要件的，劳动关系成立：用人单位和劳动者符合法律、法规规定的主体资格；用人单位依法制定的各项劳动规章制度适用于劳动者，劳动者受用人单位的劳动管理，从事用人单位安排的有报酬的劳动；劳动者提供的劳动是用人单位业务的组成部分。而劳务关系的双方没有管理与被管理、支配与被支配的权利和义务。

第一，甲公司是一个企业组织，有作为用人单位主体的资格，而慕某接受招聘时并未应聘其他单位，也符合法律、法规规定的劳动者主体资格。

第二，慕某与甲公司签订的合同中约定了工作岗位、合同期限、报酬标准以及支付周期和支付方式等事项，上述约定符合劳动合同的法定条款。

第三，虽然双方在合同中约定"专家将在没有任何授权或隶属关系的前提下履行工作"，但实际上，慕某接受甲公司的指派，本身就是一种隶属关系的体现；合作项目是甲公司业务的组成部分，慕某在项目中从事的工作同样需要授权，这也体现了对甲公司的隶属关系。

第四，提前终止双方之间的合同并不是由项目合作伙伴直接提出，而是由甲公司以"没能按要求履行工作职责"为由提出的，这也体现了甲公司对慕某的管理。

因此，合同中"专家没有任何授权或隶属关系的前提下履行工作，有关劳动合同的中国法律不适用于本合同"的条款应认定为无效条款。虽然合同中约定社会保险由慕某自行处理，但是，甲公司作为有用人主体资格的公司，即使在劳动者同意自己缴纳社会保险费的前提下免除自己的义务，也还是违法的。人民法院认为用人单位不承担社会保险费缴纳义务的就不是劳动关系，是没有法律依据的，也是不合情理的。因此，慕某与甲公司之间应该是劳动关系，而不是劳务关系。

案例二十九

谁是该案的被告

案情简介

王某承包了某公司改扩建工程，由于工期紧，缺少工人，于是，王某招聘了李某等55人并跟随其在工地工作。工程完工后，王某没有发放剩余工资，而是携款潜逃。无奈之下，李某等人以某公司为被告向人民法院提起了民事诉讼，要求某公司支付其拖欠的工资。但是，某公司以已将工程承包给王某，并且以王某不是公司的职工为由，拒绝支付欠发李某等人的工资。人民法院审理查明，包工头王某是自然人，也未与该公司签订劳动合同，不具备承包工程的资质。李某等人认为，根据原劳动和社会保障部《关于确立劳动关系有关事项的通知》（劳社部发〔2005〕12号）规定，王某在施工过程中的行为应视为该公司的职务管理行为，李某等55人被拖欠的工资应由该公司承担。

判决结果

人民法院经审理后认为，根据《建筑领域农民工工资支付管理暂行办法》第十二条的规定，工程总承包企业不得将工程违反规定发包，分包给不具备用工主体资格的组织或个人，否则应承担清偿拖欠工资连带责任。本案中，该公司明知王某是不具有用工主体资格的自然人，仍将工程分包给王某，其行为显然违反了上述规定，该公司应当承担清偿拖欠李某等人工资的连带责任。对于该公司所称其已将工人的工资全部支付给王某，因此不应承担支付拖欠劳动者工资的抗辩，缺乏法律依据，因此，判决该公司向李某等55人支付被拖欠的工资及赔偿金。

评析

在建设施工领域，因拖欠农民工工资引发的争议非常多，涉及施工单位、包工头、农民工三方主体。对于此类争议的被告确定应当慎重考虑。是否列包工头为被告，要具体问题具体分析。如果施工单位委托包工头雇用工人、组织工人施工、向工人发放工资，而包工头却携款潜逃，农民工这时可以起诉施工单位索要工资。本案中，包工头与公司之间形成了一般委托合同关系。从委托合同的性质出发，其目的是处理或管理委托人的事务，合同订立后，受托人在委托权限内所实施的行为，等同于委托人自己的行为。也就是说，王某雇用工人、组织工人施工、向工人发放工资等行为，应视为该公司的行为。由此可以确定，在公司与施工工人之间建立起了某种法律关系。

鉴于包工头王某与该公司之间存在一般委托合同关系，该公司又具备劳动合同对用人单位的主体资格要求，所以农民工与施工单位之间形成了事实劳动关系。一方面，按照建筑施工场所管理的有关规定，施工单位必须为农民工在工地工作期间提供基本的劳动保护和劳动条件，比如合乎标准的施工场所、提供安全帽等；另一方面，农民工仍然需要接受施工单位的劳动管理，比如遵守劳动场所的安全管理规定、按时上下班等，农民工需要接受施工单位的约束和控制。因此可以肯定该公司和农民工之间存在事实劳动关系。

《建筑法》第二十九条规定，禁止总承包单位将工程分包给不具备相应资质的单位。所以，从这个角度上讲，若施工单位明确要求由包工头完成某项工作，则二者之间形成的只能是劳务关系。在此基础上，包工头再雇用其他农民工一起参与施工，此时由于包工头不具有用工主体资质，在包工头与农民工之间不可能存在劳动关系，而只能是劳务关系。

本案中，正是由于包工头王某携款潜逃，导致李某等人无法提供原始记工记录、考勤表及证人证言。在证明其与该公司之间存在事实劳动关系的关键点上发生了困难。这种情况下，农民工手中掌握的证据太少，不足以证明他们与该公司之间的劳动关系，将包工头王某列为被告使其作为证据链上的一环，有利于庭审时查明事实真相。

案例三十

未参加工伤保险的劳动者工伤待遇谁来承担

案情简介

安某是农民工，2008年1月被某公司招用，具体从事金属冶炼工作。2009年2月在工作时不慎被炉渣烫伤。治疗终结后，安某向劳动保障行政部门申请工伤认定，劳动保障行政部门受理后，经调查取证，做出了安某属于工伤的认定决定。随后，劳动能力鉴定委员会鉴定安某为伤残8级，护理依赖程度达不到等级。安某多次与用人单位协商，要求用人单位支付其工伤待遇，但用人单位予以拒绝。为此，双方就工伤待遇支付发生争议。无奈之下，安某向劳动争议仲裁委员提出了仲裁申请，要求公司依法支付其工伤待遇。

仲裁结果

劳动争议仲裁委员会受理后，经查，该公司未参加工伤保险社会统筹。在劳动仲裁员主持调解下，双方一致同意解除劳动关系，除用人单位已经支付安某的住院伙食补助和部分停工留薪期工资外,由用人单位支付安某停工留薪期的工资、一次性伤残补助金、一次性工伤医疗补助金和一次性伤残就业补助金、鉴定费、交通费等各项费用 51 600 元。

评析

《工伤保险条例》第十四条规定,职工有下列情形之一的,应当认定为工伤:①在工作时间和工作场所内,因工作原因受到事故伤害的;②工作时间前后在工作场所内,从事与工作有关的预备性或者收尾工作受到事故伤害的;③在工作时间和工作场所内,因履行工作职责受到暴力等意外伤害的;④患职业病的;⑤因工外出期间,由于工作原因受到伤害或者发生事故下落不明的;⑥在上下班途中,受到非本人主要责任的交通事故或者城市轨道交通、客运轮渡、火车事故伤害的;⑦法律、行政法规规定应当认定为工伤的其他情形。第十五条规定,职工有下列情形之一的,视同工伤:①在工作时间和工作岗位,突发疾病死亡或者在 48 小时之内经抢救无效死亡的;②在抢险救灾等维护国家利益、公共利益活动中受到伤害的;③职工原在军队服役,因战、因公负伤致残,已取得革命伤残军人证,到用人单位后旧伤复发的。但劳动者要想得到工伤赔偿,就必须先要申请工伤认定,然后再通过劳动能力鉴定确定伤残等级。第十八条规定,提出工伤认定申请应当提交下列材料:工伤认定申请表;与用人单位存在劳动关系(包括事实劳动关系)的证明材料;医院诊断或者职业病诊断证明书(或者职业病诊断鉴定书)。工伤认定申请表应当包括事故发生的时间、地点、原因以及职工伤害程度等基本情况。

首先,工伤认定就是要确定受伤者是在工作时间、工作地点、因工作原因而受伤。要确定这一点,必须证明受伤者与用人单位之间具有劳动关系。据了解,因各种原因,很多申请工伤认定的劳动者都没有与用人单位签订书面劳动合同,尤其是农民工没有签订书面劳动合同的情况更为严重。在这种情况下,劳动者就必须提供证明劳动关系的相关证据,如身份证、工作证、出入证、考勤表、工资表、其他在职劳动者的证言等等。在这些证据中,除工友证言外,大部分需要劳动者在进入单位工作开始时就有意收集才能保存下来,否则很难临时收集找到。

其次，要提供受伤现场和医院诊断或者职业病诊断证明书（或者职业病诊断证明书）。个人申请工伤认定时，劳动者还要提供发生工伤事故时两名现场工友的证明材料和一份医院治疗诊断证明。所以，劳动者在受到事故伤害后在医院治疗时，一定要用自己的真实姓名，否则，就会给以后的工伤认定带来不必要的麻烦。

再次，《工伤保险条例》六十二条第二款规定，依照本条例规定应当参加工伤保险而未参加工伤保险的用人单位职工发生工伤的，由该用人单位按照本条例规定的工伤保险待遇项目和标准支付费用。

最后，《劳动争议调解仲裁法》第二十七条规定，劳动争议申请仲裁的时效期限为一年。仲裁时效期限期间从当事人知道或者应当知道其权利被侵害之日起计算。仲裁申请书应当包括三个事项：一是劳动者的姓名、性别、年龄、职业、工作单位和住所，用人单位的名称、住所和法定代表人或者主要负责人的姓名、职务；二是仲裁请求和所根据的事实、理由；三是证据和证据来源、证人姓名和住所等。

案例三十一

因分红款发生的争议是否属于劳动争议

案情简介

某餐厅属于个体经济组织，并依法取得个体营业执照，负责人为郑某。餐厅因经营不景气，郑某于 2009 年 4 月 1 日就餐厅经营的有关事宜与范某签订了为期 1 年的承包合同，由范某担任经营总经理。该合同约定了范某的劳动报酬为每月基本工资 5 000 元，加每月分红的方式，餐厅于每月 10 日前以现金方式支付报酬，完不成工作目标时范某的月工资只发放 60%；并约定餐厅负有协助范某搞好经营管理的责任义务，提供经营管理产生的一切费用及所需要的设备和物品，并承担债权债务，款项由饭店指派财务人员处理；为范某提供符合国家规定的劳动安全卫生条件和必要的劳动防护用品等。2009年5月30日，由于餐厅生意明显好转，郑某在未支付分红款的情况下提出与范某解除承包合同。范某不服，于是向劳动争议仲裁委员会提出仲裁申请，要求该餐厅为其补缴自2009年4月1日起至2009年5月30日止的社会保险费，支付拖欠的分红款。餐厅辩称，双方系劳务合同关系，并非劳动关系；另外，分红款争议系经济纠纷，不属于劳动争议，不应通过劳动争议仲裁程序解决，请求劳动争议仲裁委员会不予受理。

仲裁结果

劳动争议仲裁委员会经过审理，作出如下裁决：一是餐厅于仲裁裁决生效之日起30日内为范某补缴自2009年4月1日起至2009年5月30日止的各项社会保险费，个人负担部分由范某交予餐厅，由餐厅代其缴纳；二是餐厅于仲裁裁决生效之日起7日内支付拖欠范某的分红款。

评析

承包合同是否影响劳动关系的存在？申诉人范某与被申诉人餐厅虽然签订了承包合同，但通过合同的条款可以看出，合同中对双方的劳动权利和义务的约定还是比较清晰的，范某的工作岗位、劳动报酬形式十分明确；经营管理产生的费用以及设备、物品、用料均由被申请人提供，财务由餐厅处理，餐厅还要为范某提供符合国家规定的劳动保护，等等，这些约定多属劳动关系基本内容的约定。另外，该餐厅系经工商行政管理部门注册的合法用人主体，作为劳动者的范某无法约定禁止情形，而且是在经营管理餐厅主营业务，因此，根据《关于确立劳动关系有关事项的通知》（劳社部发〔2005〕12号）第一条规定，双方之间存在着劳动关系。换言之，承包合同并不影响劳动关系的成立。

对于双方约定的分红条款，劳动争议仲裁委员会是否可以受理呢？这要看分红款的性质。众所周知，来源于企业利润的分红，一种是股东按照股份应分配的利润，叫股金分红，其不属于劳动争议仲裁委员会受理的范围；另一种是企业在向劳动者支付了工资之后，再将一定比例的利润或超额利润向劳动者进行分配，叫劳动分红。《关于加强城镇集体所有制企业职工工资收入管理的意见》（国发〔1990〕59号）第一条规定，"集体企业职工的基本工资、奖金、津贴、补贴和劳动分红等全部工资收入，不论其资金来源及支付形式如何，均应加强管理"。由此可见，劳动分红属于劳动者的工资收入。本案中，该餐厅系个体经济组织，范某并未出资入股，也不可能购买其股份。根据承包合同，范某取得的分红款，应当属于劳动分红。由此产生的争议，应当属于工资争议的范畴。

虽然双方签订的是承包合同，未签订书面劳动合同，根据原劳动部《关于履行企业内部承包责任合同的争议是否受理的复函》（劳办发〔1993〕224号）规定，"如果承包合同中包含有工资福利等应在劳动合同中规定的劳动权利义务方面的内容，则该合同带有劳动合同的某些属性。职工与企业因执行承包合同中有关劳动权利义务方面发生的争议，属于劳动争议"，因此，范某的仲裁请求应当得到劳动争议仲裁委员会的支持。

案例三十二

向用人单位提交商调函是否等于劳动者主动辞职

案情简介

韩某为某公司职工，双方签订了书面劳动合同，合同期限至2009年年底。2009年6月初，双方经协商变更了韩某的工作岗位。2009年7月起，韩某未到公司上班。同年7月底，韩某向公司递交了由当地人才中心开具的人才流动商调函。公司于8月中旬向韩某送达了落款为2009年7月31日的解除劳动合同通知书。通知中称，"根据你的申请，你于2009年7月31日与本公司解除了劳动合同，并向我公司开具了商调函，据此我公司为你开具职工调出通知单，并通知你按照程序办理工作交接及档案、社保转移手续"。接到通知后，韩某向劳动争议仲裁委员会提出仲裁申请，要求公司支付2009年7月的工资及25%的经济补偿金、未提前通知解除劳动合同的代通知金及经济补偿金、加班费等。

劳动争议仲裁委员会受理后，基本支持了韩某的仲裁请求，但驳回了其关于经济补偿金的请求。韩某对仲裁裁决不服，向人民法院提起了民事诉讼。

判决结果

人民法院审理后认为，该公司未能充分举证证明韩某是主动提出辞职的，因此，公司做出的解除劳动合同通知书不符合法律法规规定；而韩某亦未能举证证明公司对其做出过解除劳动合同的决定。其要求支付解除劳动合同的代通知金及经济补偿金等请求，缺乏事实根据和法律依据，不予支持。因此，人民法院判决撤销某公司的解除劳动合同通知，双方继续履行劳动合同；公司支付韩某7月份的基本工资1 800元。

评析

韩某是否向公司提出过辞职申请，在庭审过程中，公司未能提供充分的证据，只是一味地强调由于韩某向公司递交了人才流动商调函，以实际行动表明其要辞职，公司才发出同意解除劳动合同的通知。但是实际上，人才流动商调函仅仅是劳动者在办理个人存档时所需要的手续，并不直接表明办理个人存档的原因。商调函不能作为认定韩某主动辞职的有力证据。

虽然韩某到人才中心开具商调函这一行为本身不是主动辞职，但是仍具有一定的法律意义。韩某开出商调函后将其交到公司，这种行为本身已经充分表明，其具有离职的意思表示。而这个意思表示正是通过商调函这种形式表现出来，并且意思表示的对象也是明确的，即该公司。所以，商调函就相当于《合同法》中常说的"要约"。因此，韩某开具商调函的行为，应当视为解除劳动合同的要约行为。

基于韩某欲辞职的要约，公司才发出解除劳动合同的通知，在这种情况下，公司发出的解除劳动合同通知应当视为公司试图与韩某就离职问题展开协商。但是韩某此时提出劳动争议仲裁申请，实际上是主动终止了这一协商解除劳动合同的过程。根据《劳动合同法》的相关规定，劳动者率先提出解除劳动合同动议的，用人单位无须就此支付经济补偿金。事实上，由于韩某主动终止了双方协商解除劳动合同的程序，公司也没有做出最终解除劳动合同的决定，韩某对此也不可能举证证明，所以，法院判决不予支持韩某提出的经济补偿金的请求是正确的。

本案中，人民法院判决双方继续履行劳动合同，从民事诉讼"不告不理"原则来看，这样的判决有所不妥。从原告诉讼请求看，韩某只要求人民法院确认该公司解除劳动合同的行为违法，并依法支付相应的经济补偿金，并未要求人民法院判决双方的劳动合同关系存续。因此，人民法院只能依法判决支持或不支持韩某提出的请求。最后的判决显然违反了当事人独立处分自己民事权利和诉讼权利的民事诉讼基本原则。

案例三十三

用人单位该不该为她的退休负责

案情简介

郭某于1995年被某公司招聘为保险业务代理员。期间，她曾被任命为该公司某分站站长，而后又被指派到某村承担驻队思想教育工作。最近四年作为公司驻院代表在一家医院从事被保险人体检把关工作；驻队和驻院期间均享受有一定数量的基本工资待遇，如果拓展业务则不影响佣金提成。2009年5月，郭某要求公司为其办理退休并享受退休待遇，这时她已经56岁。公司认为双方之间不构成劳动关系，对她的要求予以拒绝。在协商未果的情况下，郭某向劳动争议仲裁委员会提出仲裁申请。

仲裁结果

劳动争议仲裁委员会受理此案后，经过反复做工作和解释政策，双方达成以下协议：公司一次性补偿郭某达到退休年龄前的工龄补偿5 000元，郭某自愿放弃其他仲裁请求。

评析

双方争议的焦点是郭某与公司之间建立的是劳动关系还是保险业务代理关系。

一种观点认为，郭某在该公司工作长达十余年之久，根据《国务院关于工人退休、退职的暂行办法》第一条第一款规定，"男年满60周岁，女年满50周岁，连续工龄满10年的"应该办理退休。

另一种观点认为，郭某不应该办理退休，因为她当初应聘的就是保险业务代理员，与该公司构成的只是保险业务代理关系，而不是劳动关系，因而不属于《劳动法》、《劳动合同法》调整的范畴。

还有一种观点认为，郭某不应该办理退休，但应该享受部分相关的劳动保障待遇。其理由一是郭某虽然被安排在某一时间段从事管理和驻队工作，但更多的时间还是从事保险业务合同代理工作，其报酬更多还是来自对佣金的提成，两种关系偶尔竞合未能改变保险业务合同代理关系的主流性质；理由二是即便双方是劳动关系，由于郭某已经超过退休年龄，且达到退休年龄时连续工龄不满10年，也不符合《国务院关于工人退休、退职暂行办法》的规定，因此不应该办理退休。但是考虑到郭某确实接受公司指派从事过管理和驻队工作，这些临时受命已经超出了保险业务合同代理的经营范畴，因此，在解除或终止双方关系时，根据郭某的工作年限，公司不妨在经济补偿金方面酌情考虑。

随着保险企业的发展，其使用的人员中不但有已经退休的劳动者，而且还有下岗失业人员、与原单位保留劳动关系的灵活就业人员，同时在使用的保险业务代理人员中还有担任职务兼具管理和劳动关系职能者，如果双方发生争议，究竟是按保险业务合同代理关系去处理还是按劳动关系去处理？我们认为，应当根据原劳社部《关于确立劳动关系有关事项的通知》（劳社部发〔2005〕12号）的规定，按照以下脉络去把握，凡符合"用人单位和劳动者符合法律、法规规定的主体资格；用人单位依法制定的各项劳动规章制度适用于劳动者，劳动者接受用人单位的劳动管理，从事用人单位安排的有报酬的劳动；劳动者提供的劳动是用人单位业务的组成部分"三个条件者，按劳动关系去处理；凡纯粹保险业务合同代理或上述三个条件缺一者，按保险业务合同代理关系去处理。

案例三十四

"工作时间"与"工作岗位"认定不清，谁该承担责任

案情简介

朱某是某公司职工，双方未签订书面劳动合同。2008年的一天上午，朱某因心肌炎急性发作在该公司库房内死亡。2008年5月，朱某的丈夫向用人单位所在地劳动保障行政部门申请工伤认定。由于时隔数月，并且公司不愿意协助调查，劳动保障行政部门只能凭借朱某的丈夫所提供的证据作出工伤认定，认定朱某死亡视同工伤。公司对此不服，向行政复议机关申请行政复议。2008年12月，行政复议机关做出复议决定，维持了劳动保障行政部门所作的工伤认定结论，公司不服复议结果，将劳动保障行政部门告上人民法院，请求法院撤销劳动保障行政部门所作的工伤认定决定。同时，公司又向劳动争议仲裁委员会提出仲裁申请，请求确认公司与朱某之间不存在劳动关系。

判决结果

由于朱某与用人单位没有签订书面劳动合同，致使双方对其"工作时间"和"工作岗位"的确定问题成为本案的焦点。公司诉称，根据该公司《职工手册》，朱某所担任工种上班时间应当是下午3点至晚间9点，其上午到公司并非上班，而是处理私人事务。另外，朱某死亡地点是在公司库房，不符合其所担任工作正常的工作地点，因此不能认定其是在工作岗位上死亡的。

人民法院审理后认为，劳动保障行政部门在劳动者工种、工作时间、工作地点的认定上缺乏充分有效的证据支持，属于关键事实认定不清。根据《行政诉讼法》第五十四条第（二）项的规定，判决撤销劳动保障行

政部门做出的《工伤认定决定通知》。

评析

劳动保障行政部门认为，在对类似工伤案件的调查取证中，通常会遇到以下问题，一是用人单位在事发后没有及时报告，导致证据灭失；二是用人单位拒不协助事故调查的，可以由相关行政部门责令改正，并可处以罚款，但一些用人单位在处罚之后仍然拒绝协助调查，导致调查无法深入进行。在这种情况下，如果对"工作时间"和"工作岗位"的认定机械理解，会使受伤害的职工不能得到公正对待。对于"工作时间"的认定问题，应当以朱某当天实际到达公司的时间为准，不能以《职工手册》的规定为准。实际上班时间与规定上班时间不符的情况很多。简单地以工种确定上班时间的做法是错误的。对于"工作场所"的理解问题，《工伤保险条例》强调的是在工作岗位上突发疾病，而不是在工作岗位上死亡。所以，死亡的地点并不能影响认定工伤，而重要的是突发疾病的地点。因此，用人单位以死亡的地点来否定认定工伤的关键点也是错误的。

对《工伤保险条例》中"工作时间"和"工作岗位"的理解不应狭隘。在工伤认定过程中，只需证明职工是在为用人单位工作，并排除其他恶意因素，即可满足认定条件。其他恶意因素是指《工伤保险条例》第十六条中规定的"不得认定为工伤或者视同工伤"的情形。本案中，朱某与公司之间已经形成了事实劳动关系，用人单位虽未与朱某签订书面劳动合同，对于朱某的工作时间及工作职责亦没有明确约定。但是经调查证明，朱某是在事发当日上班后在工作场所突发疾病死亡的事实，且没有证据能够表明朱某具有主观故意或者其他恶意。而且该公司在自身劳动管理制度不健全的情况下，借此对视同工伤认定中的"工作时间"和"工作岗位"机械地做出过于狭隘的理解，完全是混淆视听，违反了《工伤保险条例》的立法精神。

同时，用人单位应当承担单位发生事故不报告、不协查的不利后果。如果用人单位在事故发生后不履行报告义务，后经证明该事故确实发生的，除了应受到相应的行政处罚外，用人单位还应当承担此后受伤职工及其家属维护权益所发生的一切成本。借鉴民事诉讼证据规则的举证原则，如果用人单位拒不出示在岗职工工种、工作地点、岗位职责和工资清单等由用人单位保管的证据，并拒不协助调查的，只要劳动者在申请工伤认定时提供初步证据，按照举证责任的分担原则，用人单位应为此承担不利后果，即可推定职工的主张成立。

案例三十五

工伤复发原用人单位是否还要承担赔偿责任

案情简介

张某原是某公司的职工。2009年10月，张某在工作中左眼受伤，治疗终结后，向劳动保障行政部门申请工伤认定，被认定为工伤。劳动能力鉴定委员会鉴定为10级伤残。当时，张某申请了劳动争议仲裁，双方经劳动争议仲裁委员会调解达成协议，用人单位支付张某一次性伤残补助金、一次性工伤医疗补助金和伤残就业补助金等共计人民币10 000元；张某自愿放弃其他仲裁请求，并将工伤证交给用人单位，双方解除劳动关系。然而，2010年5月，张某左眼视力突然下降，经医院诊断，其左眼为视网膜脱落，再次鉴定为伤残7级。为此，张某再次向劳动争议仲裁委员会提出仲裁申请，劳动争议仲裁委员会驳回了张某的仲裁请求。张某不服，又以用人单位作为被告，向人民法院提起民事诉讼。

判决结果

人民法院经审理后认为，双方之前达成的协议前提是张某为10级伤残。如今张某的伤残等级已被鉴定为7级，赔偿协议自此无效。于是判决被告按照再次鉴定结论的工伤等级赔偿张某50 000余元。

评析

张某已经与该公司解除了劳动关系，但是在其工伤复发且工伤等级加重的情况下，还能否得到赔偿？原赔偿协议的性质如何界定？

双方之前解除劳动关系和赔偿协议有一个前提，这就是张某的工伤等级为10级。在审理过程中，被告没有举出张某在离开公司后其左眼又受到其他伤害的证据，也没能推翻张某工伤等级增至7级的鉴定结论。由此可以看出，张某与公司达成的赔偿协议的前提条件发生了变化，原赔偿协议明显低于国家关于工伤赔偿的法定标准，转化为无效协议。因此，张某依然可以按照工伤赔偿的规定得到相应的赔偿。

该案中，部分仲裁员和法官持相反观点，认为张某根据原协议拿到相应的补偿是符合相关的法律规定的，也是双方意思真实的体现，应当说此协议是有效的。张某在拿到相应的补偿后将工伤证交给所在单位，该协议已经得到完全的履行，双方的工伤保险待遇争议应当画上一个圆满的句号了，工伤保险关系也即终止。事后张某工伤等级发生变化，并不影响该赔偿协议的效力。如果工伤职工事后慢慢痊愈而不构成伤残等级的话，单位愿意多支付赔偿，也不违背法律法规规定，协议也是有效的。

不过，劳动争议仲裁委员会主持双方达成的原调解协议最终被人民法院判决无效值得商榷。通常情况下，职工发生工伤后，如果用人单位恶意利用程序性规定拖延支付，受伤职工几乎不可能走完全部的法律程序而顺利地拿到赔偿金。因此，从维护劳动者合法权益的角度出发，在此过程中如能和用人单位达成调解协议，还是应尽量促成调解。

案例三十六

职工带薪年休假是否必须经用人单位批准后才能享受

案情简介

高某于2008年5月到某公司工作。高某因自身原因于2010年4月向用人单位提出辞职。工作期间，双方未签订书面劳动合同，单位也从未安排高某休过带薪年休假。2010年5月20日，高某与用人单位办理工作交接手续后，双方因带薪年休假工资发生争议。高某于2010年7月向劳动人事争议仲裁委员会提出仲裁申请，要求该公司支付其5天的未休年休假工资差额825元，支付未签订书面劳动合同的两倍工资差额13 200元。

该公司认为，关于带薪年休假工资，并非单位不支付，是因为高某在工作期间未向单位提出过带薪年休假的申请。根据用人单位"休假必须提出申请，否则不予批准或者按旷工处理"的规定，高某不应得到应休未休年休假的工资。

仲裁结果

劳动人事争议仲裁委员会受理后，依法组成仲裁庭进行了审理，并做出了支持高某仲裁请求的裁决。

评析

众所周知，一般用人单位均有请销假制度，休假必须请假已经成为大家的共识。例如，某单位的请假程序为：职工填写请假单，报单位主管同意，领导批准后，送至单位人力资源部门备案。这一规定主要是针对个别人的私假而言，如病假、丧假。职工不请假，单位怎么会知道职工有休假需要呢？而对于法定节假日，如元旦、春节等显然不请假即可如期而休。那么，带薪年休假又该怎么休呢？

国务院制定发布的《职工带薪年休假条例》（以下简称"《条例》"）第二条规定，机关、团体、企业、事业单位、民办非企业单位、有雇工的个体工商户等单位的职工连续工作1年以上的，享受带薪年休假（以下简称"年休假"）。单位应当保证职工享受年休假。职工在年休假期间享受与正常工作期间相同的工资收入。第三条规定，职工累计工作已满1年不满10年的，年休假5天；已满10年不满20年的，年休假10天；已满20年的，年休假15天。国家法定休假日、休息日不计入年休假的假期。第四条规定，职工有下列情形之一的，不享受当年的年休假：①职工依法享受寒暑假，其休假天数多于年休假天数的；②职工请事假累计20天以上且单位按照规定不扣工资的；③累计工作满1年不满10年的职工，请病假累计2个月以上的；④累计工作满10年不满20年的职工，请病假累计 3 个月以上的；⑤累计工作满 20 年以上的职工，请病假累计 4 个月以上的。从上述规定可以看出，只要职工不存在《条例》第四条规定的任何一种情形，且连续工作 1 年以上即可享受年休假待遇。实践中，这两个条件是用人单位应当掌握、遵守的，而且是可以预见的，而不像病假、丧假等私假不可预料。因此，用人单位完全可以根据其掌握的情况确认应当享受带薪年休假的职工名单，再结合本单位的实际情况统筹安排职工年休假。

统筹安排职工年休假是单位应尽的义务。《条例》第五条第一款规定，"单位根据生产、工作的具体情况，并考虑职工本人意愿，统筹安排职工年休假"。年休假的安排主要由用人单位起主导作用，由其根据生产、工作情况统筹安排，同时在条件允许的情况下考虑职工意愿。人力资源和社会保障部《企业职工带薪年休假实施办法》第十条第二款规定，"用人单位安排职工休年休假，但是职工因本人原因且书面提出不休年休假的，用人单位可以只支付其正常工作期间的工资收入"。根据这一规定，用人单位要免除支付未休年休假天数的额外工资部分，必须拿出两方面的证明材料，一是单位对职工年休假已经做出了安排；二是职工不休年休假是因其本人原因。这进一步说明了单位在年休假安排中所起的主导作用。因此，单位不予批准职工提出的休年休假申请，不能作为职工享受未休年休假 300% 工资的障碍。

案例三十七

单位脱钩改制后欠缴职工社保费应当补缴

案情简介

张某等 7 人系某会计师事务所有限责任公司职工。2003 年 3 月，根据国家关于社会中介机构与原行政主管部门脱钩改制政策的要求，某审计事务所与原主管部门脱钩，改制为有限责任公司。改制后的会计师事务所有限责任公司全部接收了原审计事务所的人员、资产和债权债务。2003年8月，被申诉人在没有告知申诉人的情况下，突然搬迁到新的办公地点，申诉人找到新办公地点，被申诉人告知申诉人已与他们解除了劳动合同，不再给他们安排工作岗位，并停发了申诉人的工资，拖欠申诉人1998年1月至2000年3月的社会保险费。申诉人多次与被申诉人进行协商，但毫无结果，迫于无奈，申诉人向劳动争议仲裁委员会申请仲裁。劳动争议仲裁委员会受理后，向被申诉人依法送达了应诉通知书，要求被申诉人提供相关证据，在规定的时间里，被申诉人既没有提供答辩状，也没有提供相关证据。于是，劳动争议仲裁委员会调取了申诉人原单位有关脱钩改制资料、文件和被申诉人工商注册登记、资产负债表、审计报告以及人员安置方案等证据材料，依法开庭进行了审理，并依据相关法律法规做出了裁决。终止张某等7人与被申诉人的劳动关系；被申诉人依法补缴张某等7人1998年1月至2000年3月的养老保险费17 656元；支付张某等7人经济补偿金49 000元；驳回申诉人的其他申诉请求。被申诉人不服仲裁裁决向人民法院提起了民事诉讼。

判决结果

人民法院受理后，依法组成合议庭，公开开庭进行了审理，判决原告与被告之间的劳动关系终止；被告依法补缴原告1998年1月至2000年3月的养老保险费17656元；被告依法向7原告支付经济补偿金49 000元。

评析

本案争议的焦点是，改制后的用人单位是否应当承担改制前原单位的权利与义务。

首先，《民法通则》第四十四条规定，"企业法人分立、合并或者有其他重要事项变更，应当向登记机关办理登记并公告。企业法人分立、合并，他的权利和义务由变更后的法人享有和承担"。本案中，原审计事务所根据国家规定于1999年10月制定了改制方案。改制方案中明确规定，改制的组织形式是"将由主办单位投资设立的全民所有制事务所改为由注册会计师发起设立的有限责任事务所。事务所的股东以其出资额为限承担责任。原事务所的业务档案移交改制后的有限责任事务所,并由改制后的事务所承担相应的法律责任"。1999年12月,审计事务所的主管部门对《脱钩改制方案》进行了批复,"脱钩后的事务所的一切事务、权益和责任均由法定代表人负责和承担"。2000年2月进行了固定资产交接,并全部接收了原事务所的职工。因此,改制后的有限责任事务所应当承担原事务所的债权债务,欠缴职工的社会保险费应当按照规定进行补缴。

其次,解除劳动关系必须支付经济补偿金。《劳动合同法》第四十六条规定,"有下列情形之一的,用人单位应当向劳动者支付经济补偿:(一)劳动者依照本法第三十八条规定解除劳动合同的;(二)用人单位依照本法第三十六条规定向劳动者提出解除劳动合同并与劳动者协商一致解除劳动合同的;(三)用人单位依照本法第四十条规定解除劳动合同的;(四)用人单位依照本法第四十一条第一款规定解除劳动合同的;(五)除用人单位维持或者提高劳动合同约定条件续订劳动合同,劳动者不同意续订的情形外,依照本法第四十四条第(一)项规定终止固定期限劳动合同;(六)依照本法第四十四条第(四)项、第(五)项规定终止劳动合同的;(七)法律、法规规定的其他情形"。《劳动合同法》第四十七条规定,"经济补偿按劳动者在本单位工作的年限,每1年支付1个月工资的标准向劳动者支付。6个月以上不满1年的,按1年计算;不满6个月的,向劳动者支付半个月工资的经济补偿。劳动者月工资高于用人单位所在直辖市、设区的市级人民政府公布的本地区上年度职工月平均工资3倍的,向其支付经济补偿的标准按职工月平均工资3倍的数额支付,向其支付经济补偿的年限最高不超过12年。本条所称月工资是指劳动者在劳动合同解除或者终止前12个月的平均工资"。因此,用人单位改制后与职工解除劳动合同,应当按照上述规定向职工支付经济补偿金。

案例三十八

劳动者讨要工资是否先要通过劳动争议仲裁程序

案情简介

2008年9月，某公司卫生间管道老化，需要进行维修，于是找到在马路边找活干的包工头何某，将卫生间更换管道任务以包工不包料的方式发包给何某，总价款计5 200元。之后，何某派出3名农民工，很快就完成了维修任务。工程完工后该公司未支付何某1分钱。在多次催要无果的情况下，何某于2009年6月以其本人的名义向劳动争议仲裁委员会提出仲裁申请（劳动争议申诉书中未述及其包工等情节），要求该公司支付其拖欠的工资5 200元。

该公司认为，何某是包工头，并以施工队（未取得营业执照）的名义与被申诉人签订了施工合同。因此，双方建立的并不是劳动关系，劳动争议仲裁委员会不应当受理何某的仲裁申请。

仲裁结果

经查实后，劳动争议仲裁委员会决定撤销了该案件，告知何某就其与该公司的人工费等争议可直接向人民法院提起诉讼。

评析

本案双方争议的焦点是，包工头与发包单位之间的人工费等争议，是否必须经劳动争议仲裁委员会处理后才能向人民法院起诉。

其一，在争议标的上，包工头何某与发包单位某公司约定的施工价款中扣除了人工费，还有自带工具使用费等其他费用。根据《建筑安装工程费用项目组成》（建标〔2003〕206号）的规定，人工费是指直接从事建筑安装工程施工的生产工人开支的各项费用，内容包括基本工资、工资性补贴、生产工人辅助工资、职工福利费、生产工人劳动保护费，即包括工资福利以及劳动保护方面的费用。由此，根据《劳动争议调解仲裁法》第二条的规定，人工费当属劳动争议仲裁范围；同样的法律依据，自带工具使用费等就不属于劳动争议仲裁管辖。虽然人工费争议属于劳动争议仲裁范围，但施工合同中约定的人工费并非包工头一人劳动所得，根据《劳动争议调解仲裁法》第二十二条规定，其主张施工合同中的人工费，无权以自己名义申请仲裁。

其二，包工头非劳动保障法律意义上的劳动者。首先，劳动保障法律意义上的劳动者是指达到法定劳动年龄且有劳动权利、劳动行为能力，在用人单位规章制度约束下靠提供劳动力取得报酬的自然人。案例中，包工头何某除参加施工外，主要承担管理施工人员的职责，显然并非完全是靠提供劳动力而获得报酬。其次，发包单位的考勤等规章制度并不适用于包工头何某，其只需要按照双方签订的施工合同完成管道更换维修任务。另外，《劳动合同法》第九十四条规定，"个人承包经营违反本法规定招用劳动者，给劳动者造成损害的，发包的组织与个人承包经营者承担连带赔偿责任"，个人承包经营需要承担一定的经营风险，而劳动者是不需要承担的。本案中的包工头何某显然应该承担管道出现安装质量问题的风险。最后，根据原劳动保障部《关于确立劳动关系有关事项的通知》（劳社部发〔2005〕12号）第一条规定，可以确认包工头何某与发包单位某公司之间的关系并非劳动关系。

那么，包工头与发包单位因人工费发生争议后应当怎样处理呢？《最高人民法院关于审理建设工程施工合同纠纷案件适用法律问题的解释》（法释〔2004〕14号）第二十六条规定，"实际施工人以转包人、违法分包人为被告起诉的，人民法院应当依法受理。实际施工人以发包人为被告主张权利的，人民法院可以追加转包人或者违法分包人为本案当事人"。这里的实际施工人既包括成建制的劳务企业即法人，又包括非法人团体的建筑队以及自然人。因此，案例中的何某施工队即符合该司法解释规定的原告范围。因其未取得营业执照，故包工头可作为负责人起诉，将包含人工费在内的所有价款一并提起，进入诉讼程序，同步解决，有利于保护当事人的权益。

案例三十九

用人单位该不该支付劳动者非因工死亡待遇

案情简介

路某系某公司职工。路某入职时，双方签订了一份《道路交通安全责任状》，其中约定"职工因违法违规发生伤亡事故，公司不承担任何赔偿责任"。双方约定该责任状是劳动合同的附件。2009年5月，路某和朋友一起饮酒后，自驾无牌照摩托车回家，途中撞上护栏身亡。路某家住农村，父亲早年去世，母亲和妻子均在农村务农，母亲现年57岁，孩子未满周岁。路某死亡后，其家属要求该公司支付路某非因工死亡待遇。公司认为双方签有道路交通安全责任状，孙某是因违法行为导致身亡，因此，公司不应承担赔偿责任，于是拒绝了他们的要求。路某家属向劳动争议仲裁委员会提起仲裁申请。

仲裁结果

劳动争议仲裁委员会受理后，经审理，支持了路某家属的全部诉求。裁决该公司支付路某家属丧葬补助费1 000元、一次性救济金21 074元，自2009年6月起至供养条件消失为止，逐月向路某母亲和儿子支付280元的遗属生活补助费，该支付标准随政策变化而调整。

评析

本案双方争议的焦点是，该公司与路某所签订的《道路交通安全责任状》中的"职工因违法违规发生伤亡事故，公司不承担任何赔偿责任"的约定是否有效？

在案件的审理过程中，劳动仲裁员有两种观点：一种观点认为，路某家属的请求不应得到支持。理由是，对于路某生前与公司签订的《道路交通安全责任状》，路某家属没有证据证明是公司强迫签订的，因此，应当视为路某与公司之间的自愿约定,即路某已经同意放弃因自身违反道路交通安全法规造成伤亡的索赔权。路某作为完全民事行为能力的人,无视严禁酒后驾驶机动车辆和严禁驾驶无牌照机动车上路的法律规定,单方肇事死亡,对此公司并无过错。故从其约定,该公司不应对路某家属进行赔偿。另一种观点认为,路某家属的仲裁请求应当得到支持。理由有两点,一是我国劳动和社会保障制度将企业职工死亡情形分为因工死亡和因病、非因工死亡两类。两者是非此即彼的关系,即要么是因工,要么是因病或非因工,不存在第三种情形。路某是和朋友饮酒后在回家途中发生机动车事故死亡,不符合认定工伤的条件,因此不属于因工死亡,只能属于非因工死亡。在我国职工社会保险制度中,除1964年4月《全国总工会劳动保险部关于劳动保险问题解答》中有过"凡属政治性自杀(指确有可靠材料)都不享受劳动保险待遇"的解释之外,对职工非因公死亡待遇的支付并没有禁止性或限制性规定。二是路某酒后驾驶无牌照摩托车的行为属于违法行为,其应承担何种责任应当由司法机关认定,用人单位无权以此作为免除其对非因工死亡职工承担的法定义务的理由。公司为了免除自身法律责任与路某签订的"职工因违法违规发生伤亡,公司不承担任何赔偿责任"约定,与法相悖,应为无效条款,该条款即使双方约定作为劳动合同的附件,依然不具备约束力。

劳动争议仲裁委员会经过合议,最终采纳了第二种观点,依法做出上述仲裁裁决。

案例四十

固定期限劳动合同在履行期间能否改签为无固定期限劳动合同

案情简介

丁某于1999年1月到某公司工作,当时双方没有签订劳动合同,但在 2008 年 1 月 1 日公司和他签订了期限为两年的劳动合同。2009 年 3 月，丁某向劳动争议仲裁委员会提出仲裁申请，以其在该公司连续工作满 10 年为由，要求该公司与其签订无固定期限劳动合同。

仲裁结果

劳动争议仲裁委员会审理后认为，丁某的情况不符合用人单位应当与其签订无固定期限劳动合同的法定情形，裁决驳回了他的仲裁请求。

评析

《劳动法》第十六条、《劳动合同法》第一条和第二条规定，劳动合同是劳动者与用人单位确定劳动关系、明确双方权利和义务的协议，建立劳动关系应当订立劳动合同。《劳动法》第十七条、《劳动合同法》第三条规定，订立和变更劳动合同，应当遵循平等自愿、协商一致的原则，不得违反法律、行政法规的规定，劳动合同依法订立即具有法律约束力，当事人必须履行劳动合同规定的义务。丁某与该公司于 2008 年 1 月 1 日签订的为期两年的劳动合同，并无证据表明该劳动合同订立过程中有违背上述规定之处，应当认定该劳动合同是双方当事人真实意思的表示，双方应当按照劳动合同约定的内容履行。

本案中，丁某提出公司与其签订无固定期限劳动合同的要求，实质是要求对双方原劳动合同进行变更。

《劳动合同法》第十四条第二款规定，"用人单位与劳动者协商一致，可以订立无固定期限劳动合同。有下列情形之一的，劳动者提出或者同意续订、订立劳动合同的，除劳动者提出订立固定期限劳动合同外，应当订立无固定期限劳动合同：（一）劳动者在该用人单位连续工作满 10 年的"。从这一规定可以看出，《劳动合同法》第十四条第二款规定满一定条件的劳动者提出或者同意"续订、订立"无固定期限劳动合同的应予以支持；并未规定双方在劳动合同履行期间，用人单位应当同意劳动者提出的"变更"正在履行的劳动合同的要求。

因此，丁某的情况不符合用人单位应当与劳动者签订无固定期限劳动合同的法定情形。但是，丁某在 2009 年 12 月 31 日劳动合同期满后，如果要求公司与其签订无固定期限劳动合同,并举证证明自己在该公司连续工作满10年的,则符合《劳动合同法》第十四条规定,该公司则应当与其签订无固定期限劳动合同。当然,如果该公司现在同意与丁某签订无固定期限劳动合同,双方也可以变更原劳动合同。

案例四十一

用人单位如此解除劳动合同是否合法

案情简介

吕某于2007年11月应聘到某公司,双方没有签订劳动合同,只是口头约定吕某的工作岗位是配送工,每月工资700元(当地最低工资标准为750元),社会保险费没有涉及。工作半个月后,公司将其调到管理部门工作。从2008年2月初开始,吕某便要求公司与其签订劳动合同、增加基本工资、办理社会保险,并就这些问题向劳动保障行政部门投诉。公司因不满吕某的行为,于2008年3月22日给了吕某一份《人事变动表》,在"说明"栏中注明"试用期满不合适本部门工作",并要求吕某签名。吕某签名后,当日与用人单位办理了解除劳动关系的手续。吕某要求公司承担解除劳动合同的责任,公司则认为吕某是因为在试用期内严重违反规章制度而自行辞职,拒绝支付经济补偿金,双方发生了争议。吕某向劳动争议仲裁委员会申请仲裁。劳动争议仲裁委员会审理后,裁决驳回了吕某的仲裁请求。吕某不服仲裁裁决,向人民法院提起了诉讼。

判决结果

人民法院审理后认为,该公司单方面解除劳动合同的行为,违反法律法规的规定,遂判决该公司应依法为其补缴社会保险费,支付最低工资差额以及经济补偿金,并且支付违法解除劳动合同的经济补偿金和代通知金。

评析

　　本案是否属于在试用期内劳动者严重违反用人单位规章制度而解除劳动合同？人民法院在审理过程中对这一问题有两种意见。一种意见认为，吕某已经在注明"试用期满不适合本部门工作"的《人事变动表》中签名，表明其确认双方有试用期条款且自己不适合本工作，公司解除劳动合同符合法律法规规定；另一种意见则认为，《人事变动表》不是吕某入职时签订的文件，不能证明双方约定有试用期，公司也无法举证证明吕某严重违反规章制度，因此用人单位解除劳动合同不适用此种情形。《劳动合同法》没有明确试用期约定一定要采取书面形式，但是规定了劳动合同应当采取书面形式签订，试用期条款是劳动合同中的可约定条款，因此，也应当以书面形式约定。《劳动合同法》第十条规定，"建立劳动关系，应当订立书面劳动合同"。而且，《劳动合同法》根据劳动合同期限的长短设置了不同的使用期限，如果没有书面形式，不能确定使用期的时间段。《劳动合同法》第十二条规定，"劳动合同分为固定期限劳动合同、无固定期限劳动合同和以完成一定工作任务为期限的劳动合同"。本案中，公司与吕某仅仅以口头方式签订了劳动合同，并没有涉及试用期条款。所以，《人事变动表》上"在试用期内不适合本部门工作"的辞退理由和吕某的签名，并不能证明双方存在试用期的约定。

　　公司单方解除劳动合同的性质是什么？应当支付经济补偿金还是赔偿金？人民法院认为，公司单方面解除劳动合同应当支付经济补偿金；没有按照《劳动合同法》规定提前30日通知劳动者解除劳动合同的，还应当支付代通知金。《劳动合同法》第四十条规定，"有下列情形之一的，用人单位提前30日以书面形式通知劳动者本人或者额外支付劳动者1个月工资后，可以解除劳动合同：（一）劳动者患病或者非因工负伤，在规定的医疗期满后不能从事原工作，也不能从事由用人单位另行安排的工作的；（二）劳动者不能胜任工作，经过培训或者调整工作岗位，仍不能胜任工作的；（三）劳动合同订立时所依据的客观情况发生重大变化，致使劳动合同无法履行，经用人单位与劳动者协商，未能就变更劳动合同内容达成协议的"。根据《劳动合同法》第四十条的规定，公司应当支付的是违法解除劳动合同的赔偿金。在符合法律法规规定的三种情形下，用人单位提前 30 日书面通知或者支付 1 个月代通知金后可以解除劳动合同，并应当支付经济补偿金。本案中，公司违反《劳动法》和《劳动合同法》的有关规定，没有与劳动者签订书面劳动合同，支付的工资低于当地最低工资标准，也没有为劳动者办理社会保险，反而因不满吕某的合理维权行为而解除劳动合同，不符合上述"预告解除"的法律规定。

依据《劳动合同法》第四十八条规定，用人单位违反本法规定解除劳动合同，劳动者要求继续履行劳动合同的，用人单位应当继续履行；劳动者不要求继续履行劳动合同或者劳动合同已经不能继续履行的，用人单位应当依照该法第八十七条规定支付赔偿金。本案中，吕某并未要求继续履行劳动合同，因此公司应当以经济补偿金的两倍标准向吕某支付赔偿金。

案例四十二

谁应为伪造的劳动合同负举证责任

案情简介

2008 年 10 月，段某应聘到某公司工作。2009 年 6 月 19 日，在事先无任何通知的情况下，公司告知段某双方劳动关系即刻解除。于是，段某向劳动争议仲裁委员会提出仲裁申请，要求公司依法支付未签订书面劳动合同的两倍工资以及违法解除劳动关系的经济补偿金。劳动争议仲裁委员会受理了该案。仲裁中，该公司辩称，段某要求公司支付两倍工资应予以驳回，因为公司已经与段某签订了劳动合同，并当庭出示了一份劳动合同书。可段某认为，这份劳动合同书是不真实的，自己从未与该公司签过书面劳动合同，这份劳动合同是用人单位伪造的，劳动合同书中"乙方"签名处也并非其本人签字。公司则认为，段某如果否认劳动合同书的真实性，应当出示证据证明。关于劳动合同的真伪应该由哪方举证的问题，双方争执不休。

仲裁结果

劳动争议仲裁委员会依据相关法律规定，委托司法物证机构对这份劳动合同书进行了鉴定，根据司法物证鉴定机构出具的"劳动合同中劳动者的签名非其所签"的鉴定结论，裁决该公司支付与段某未签订书面劳动合同的两倍工资以及违法解除劳动合同的经济补偿金。

评析

本案讨论的是劳动争议案件的举证责任分配问题。《劳动争议调解仲裁法》第六条首先明确了"谁主张，谁举证"的一般原则，接着明确了"与争议事项有关的证据属于用人单位掌握管理的，用人单位应当提供"的特定举证责任分配原则。根据《劳动合同法》第十六条第二款"劳动合同文本由用人单位和劳动者各执一份"的规定，劳动合同并非唯有用人单位掌握管理，劳动者也应当持有。因此，本案中的举证责任分配应适用"谁主张，谁举证"的一般原则。此处的"主张"并非单指申诉人的仲裁请求，而应当是双方当事人陈述的对己方有利的事实依据。本案中，劳动者主张两倍工资显然无须提供证据，因为其主张两倍工资的事实依据是双方未签订书面劳动合同；而用人单位为了免除自己支付两倍工资的法律责任，则需要提供双方签订的书面劳动合同。

《劳动人事争议仲裁办案规则》第二十二条规定，劳动争议处理中涉及的证据提交、证据认定等事项，在该办案规则未作规定的情况下，参照民事诉讼证据规则的有关规定执行。于是有观点认为，根据最高人民法院制定的《关于民事诉讼证据的若干规定》（法释〔2001〕33号）第七十条，只要用人单位提供了劳动合同原件，劳动者提出异议但没有足够反驳的证据，司法机关应当确认其证明力。也就是说，用人单位拿出劳动合同书后，推翻劳动合同证明力的责任在劳动者。但是，此观点有失偏颇。在劳动者对劳动合同书中本人签名加以否认的情况下，用人单位只提供劳动合同书原件不算尽到举证责任。《关于民事诉讼证据的若干规定》第五条第一款规定，"在合同纠纷案件中，主张合同关系成立并生效的一方当事人对合同订立和生效的事实承担举证责任；主张合同关系变更、解除、终止、撤销的一方当事人对引起合同关系变动的事实承担举证责任"。由此看来，合同纠纷一般由做出肯定性主张的一方负完全举证责任。案例中，用人单位应属于对劳动合同成立做出肯定性主张的一方，劳动者应属于作出否定性主张的一方。根据民事诉讼证据规则，用人单位必须再提供充分的证据证明劳动合同中劳动者签名的真实性和有效性，否则应当承担举证不能的责任。

那么，用人单位怎样来补充证据、补充什么证据呢？一是需要在规定时限内对劳动合同中劳动者的签名申请笔迹鉴定，逾期应当承担举证不能的责任；二是可提供劳动合同签订时在场人员的证言，或录制的视听资料，以此作为辅助证据。

案例四十三

没有工伤认定结论劳动者能否维护自己的权益

案情简介

2010年6月，肖某在某公司工作时右手腕扭伤粉碎性骨折，公司将其送至医院治疗并支付了医疗费。2010年8月，在未经工伤认定的情况下，双方经当地人民调解委员会主持调解，达成调解协议，公司支付肖某10 000元补偿费，肖某自愿放弃其他权益，双方解除劳动合同。协议经过双方签字后生效。2010年12月，肖某在某司法鉴定所依据《劳动能力鉴定——职工工伤与职业病致残等级分级》（GB/T 16180—2006）标准被鉴定为7级伤残。此时，肖某认为自己对原调解协议存在重大误解，并认为调解协议显失公平，又去找公司协商，但公司认为双方已经对该事达成了协议，也履行了协议的内容，肖某与公司再没有任何关系。于是，肖某向劳动争议仲裁委员会提出仲裁申请。劳动争议仲裁委员会以证据材料不具备（无工伤认定书）为由送达了不予受理通知书。

肖某又向人民法院提起民事诉讼，一是要求人民法院撤销双方签订的调解协议书，二是要求判决公司支付工伤保险待遇 100 000 余元。

判决结果

人民法院审理后，以用人单位支付工伤保险待遇的前提是经过工伤认定和劳动能力鉴定，没有工伤认定书和劳动能力鉴定结论，就不符合劳动争议案件的立案条件为由，做出不予受理的裁定书。

评析

劳动者因工受伤后未经工伤认定，与用人单位达成赔偿调解协议，事后又反悔，要求撤销调解协议书，人民法院能否立案受理，律师们对此持不同意见。

有的律师认为，双方既然已经达成了协议，而且协议是双方意思自治的体现，应当说协议是有效的。肖某在拿到相应的补偿后，该协议已经得到了完全的履行，双方可以解除劳动合同，肖某与公司之间就工伤待遇问题达成的赔偿协议，前提条件是解除劳动合同。该工伤赔偿协议一经履行，双方之间就不存在劳动关系了，工伤保险关系也随之终止。即便事后肖某工伤等级发生变化，也不影响该赔偿协议的效力。因此，对于肖某的诉讼请求，人民法院应当予以驳回。

有的律师则认为，本案中双方对肖某在公司工作期间受伤这一事实没有争议。双方在调解时，公司未对肖某申请劳动能力鉴定，肖某不知自己的损害后果。因此在调解时，肖某对自己的伤势程度存在重大误解。根据《最高人民法院关于审理涉及人民调解协议的民事案件的若干规定》（法释〔2002〕29号）规定，经过人民调解委员会组织调解达成的调解协议书具有合同性质。肖某以重大误解、赔偿结果显示公平为由要求撤销该合同，是符合《合同法》第五十四条规定的，也符合《最高人民法院关于审理涉及人民调解协议的民事案件的若干规定》第五条以及《民事诉讼法》第一百零八条的规定，因此人民法院对肖某的第一项诉讼请求应予以立案审理。

基于工伤事故的特殊性，劳动者在发生工伤事故后通常都希望尽快获得工伤赔付，但按照《工伤保险条例》的相关规定，获得赔付必须要经过申请工伤认定、劳动能力鉴定和工伤待遇支付三个阶段，如果每个阶段都需要"一裁两审"，那将是一个漫长而复杂的过程。极为繁琐的处理程序加剧了工伤职工的急切和担忧心理，妨碍了其主张权利，却使用人单位有时间转移财产，毁灭证据，使诉讼失去意义或面临风险。在此情况下，用人单位很容易利用工伤职工的这种心理提出低于法定支付标准的所谓"一揽子"赔偿方案，而工伤职工迫于眼下的紧急需要很可能做出让步，被迫接受。表面上看，工伤职工是自愿的，但实际上受到了用人单位的胁迫以及乘人之危。本案中，肖某在获知权威的鉴定结论后即反悔，恰恰表明了当时双方的约定并非出于肖某真实的意思表示。而且人民调解委员会的调解属于诉前调解，在形式上有别于劳动争议仲裁委员会的仲裁调解。调解协议的法律效力已不及于仲裁调解书。根据《最高人民法院关于建立健全诉讼与非诉讼相衔接的矛盾纠纷解决机制的若干意见》，对于当事人在人民调解组织主持下达成的调解协议，当事人有权申请有管辖权的人民法院确认其效力；当事人请求撤销调解协议或请求确认调解协议无效的，可以向人民法院提起诉讼。

而对于肖某的第二项诉讼请求，要求公司支付工伤保险待遇100 000元，由于诉争的是劳动争议问题，只有先撤销了调解协议书，双方恢复到原来的状态，肖某重新申请认定工伤，才能就此项请求再行向劳动争议仲裁委员会提出仲裁申请。

案例四十四

这些劳动者应该和谁打官司

案情简介

案例A：某公司在筹备期间，以程某等五人为发起人的筹备组经商量，决定与任某等人签订聘用合同，后因故双方发生争议。任某等人以筹备组为被申诉人向劳动争议仲裁委员会提出仲裁申请，要求被申诉人支付申诉人在该公司筹备期间被拖欠的工资及赔偿金。

案例B：某公司因经营不善面临破产，为此公司成立破产清算组，该公司原人力资源部经理宋某被清算组聘为工作人员，主要负责处理资产清算、分流安置职工、清偿职工工资等事务。一年后被解聘，宋某向劳动争议仲裁委员会提出仲裁申请，要求清算组支付工资以及解除劳动关系的经济补偿金。

判决结果

案例A中，劳动争议仲裁委员会经审查，以被申诉人不具有主体资格为由做出不予受理通知。当事人不服劳动争议仲裁委员会作出的不予受理通知，向人民法院提起民事诉讼。人民法院认为，任某等人的诉讼请求并非劳动争议，于是裁定驳回任某等人的诉讼请求。

案例B中，劳动争议仲裁委员会以争议事项不属于劳动争议为由不予受理。宋某不服，向人民法院提起民事诉讼，人民法院审理后，支持了宋某要求由被告支付工资的请求，但是驳回了其他诉讼请求。

评析

从这两起案件看，双方争议的事实清楚，案情比较简单，但是极具代表性。其争议的实质是，用人单位在筹备、清算期间，筹备组与清算组与其聘用的人员之间形成的是劳动关系还是劳务关系？此类案件到底应当如何处理？

《劳动法》第二条规定的五类用工单位之中并不包括公司筹备组，但是，这并不意味着筹备组在劳动关系中的用工主体资格受到否定。筹备组作为一个非法人组织，是发起人团体的代理人，代理权限为从事对内对外筹备事务，包括招聘人员以及人事管理，并且以此为限承担相应责任。其聘用人员从事前期工作是为公司成立而进行的必要行为，当然是公司业务的组成部分，并不能否认聘用人员的"准职工"性质。事实上，为保护劳动者的权益，防止用人单位以主体不适格为由逃避推诿责任，我国相关立法在一定程度上也肯定了筹备组等非法人单位具有用工主体资格。根据原劳动与社会保障部《关于用人单位筹备组与职工发生劳动争议有关问题意见的函》(劳社厅函〔2006〕341号)规定，"用人单位在组建过程中，其筹备组与职工发生劳动争议的，筹备组与发起人（法人）共同作为劳动争议主体，承担连带责任"。由此可见，筹备组与任某等人之间已经形成了劳动关系，这一点无可否认。所以，任某等人应当直接对筹备组的发起人即程某等五人为被申诉人，向劳动争议仲裁委员会提出仲裁申请，否则，劳动争议仲裁委员会很难受理。

如何认定案例B中宋某与清算组之间的法律关系，有人认为，鉴于现行立法并未对清算组的用工主体资格予以明确规定，所以应当具体问题具体分析。首先，从主体上看，清算组是人民法院在受理破产案件时，为了保障企业职工以及债权人的合法权益不受侵害，而临时指定有关部门构成的管理人。它虽然具有独立的主体资格，但却不能进行与清算无关的业务活动，因此，它并不是劳动保障法律法规所规定的具有用工主体资格的组织。其次，《中华人民共和国破产法》（以下简称"《破产法》"）第二十八条规定，"管理人经法院许可，可以聘用必要的工作人员"。同时，该法第四十一条规定，人民法院受理破产申请后，管理人聘用工作人员发生的费用为破产费用。由此可见，破产清算的特殊性决定了清算组聘用工作人员只是一种短期行为；其工作人员获得的报酬属于劳务费而非一般意义上的工资。因此，本案双方形成的是劳务关系，双方的争议应属于劳务纠纷而非劳动争议，本案可以作为普通民事案件由人民法院直接受理。

案例四十五

职工受到事故伤害能否被认定为工伤

案情简介

吕某是某公司职工，担任公司办公室秘书一职。2008年6月，该公司经理孟某让吕某陪同外出，在返回途中驾驶员感到身体不适，于是孟便让吕某驾驶车辆。吕某自己没有取得驾驶证，只是在业余时间跟朋友练过车，所以心里非常担心。但是孟某急于返回，执意让吕某驾驶。结果吕某在超车时发生了交通事故，由于没有取得驾驶证，属无证驾驶，公安交警部门认定吕某对交通事故负全部责任。这次交通事故给吕某造成了严重的残疾，身体自臀部以下截取了双肢，全家为了给吕某治疗已经是债台高筑。由于该公司没有为吕某参加工伤保险和缴纳工伤保险费，所以一直不愿为吕某申请工伤认定。无奈之下，吕某的妻子向当地劳动保障行政部门申请工伤认定。那么，吕某这种情形是否能够认定为工伤呢？

认定结果

劳动保障行政部门受理后，经调查取证，做出了吕某不属于工伤的认定决定。

评析

实践中，对无证驾驶机动车发生交通事故是否属于工伤，主要应看其行为是否属于《工伤保险条例》规定的不得认定工伤的情形。从法律法规规定来说，无证驾驶危害公共安全，属于不能认定为工伤的情形。2004年1月1日《工伤保险条例》在实施之时，《中华人民共和国治安管理处罚条例》（以下简称"《治安管理处罚条例》"）仍然生效，其中对无证驾驶机动车辆发生的交通事故，条例规定应该受到处罚。2006年3月1日，《治安管理处罚法》开始实施，《治安管理处罚条例》同时被废止，但《治安管理处罚法》中对无证驾驶是否应受到行政处分的情况没有明确。

《中华人民共和国道路交通安全法》（以下简称"《道路交通安全法》"）第三十九条第一款规定，未取得机动车驾驶证、机动车驾驶证被吊销或者机动车驾驶证被暂扣期间驾驶机动车的由公安机关处200元以上2 000元以下罚款。因此，无证驾驶机动车辆从法律上讲是一种应该受到行政处罚的违法行为；从情理上讲，没有驾驶证可以说明当事人不具备驾驶机动车技术或驾驶资格，这类人员驾驶机动车上路，势必会对其他行人和车辆造成安全隐患，如果对这种情况认定为工伤，对社会交通安全、人员生命财产是不公平的。

本案中,吕某虽然无法认定为工伤,但是其是在公司经理的要求下无证驾驶机动车辆而导致的伤残,根据法律法规的规定应该得到用人单位的赔偿。《劳动合同法》第八十八条规定,"用人单位有下列情形之一的,依法给予行政处罚;构成犯罪的,依法追究刑事责任;给劳动者造成损害的,应当承担赔偿责任。(一)以暴力、威胁或者非法限制人身自由的手段强迫劳动的;(二)违章指挥或者强令冒险作业危及劳动者人身安全的;(三)侮辱、体罚、殴打、非法搜查或者拘禁劳动者的;(四)劳动条件恶劣、环境污染严重,给劳动者身心健康造成严重损害的"。本案中,该公司经理在明知吕某没有机动车驾驶证的前提下仍然执意让其开车,可视为用人单位的负责人违反相关法律,不顾劳动者的人身安全和健康,强令劳动者进行冒险作业的行为,即"违章指挥",导致劳动者人身安全和健康造成严重后果,该用人单位违法在先,应当承担相应的民事赔偿责任。

案例四十六

到底是辞职还是自动离职

案情简介

2010年11月,邓某向所在用人单位提出辞职,并与部门主管签订了协议,表明辞职报告已经获得部门同意,等待人力资源部最后批准。在等待期间,邓某不必到岗上班,享受基本工资待遇。此后,用人单位一直未作出决定,邓某也没有再来单位工作。从2010年12月起,单位停发了邓某的基本工资。2010年1月,单位作出《关于邓某自动离职的决定》,对邓某按自动离职处理。2011年2月,邓某与单位就离职问题发生争议,向劳动争议仲裁委员会提出仲裁申请,要求用人单位补发2010年12月及2011年1月的工资,并支付拖欠工资的赔偿金。劳动争议仲裁委员会经审理，裁决支持了邓某的仲裁请求。用人单位单位不服仲裁裁决，向人民法院提起诉讼。

判决结果

人民法院审理后认为，邓某所在的部门并非单位的人事管理部门，其与邓某所签订的协议应当无效。用人单位作出的《关于邓某自动离职的决定》程序上存在瑕疵。本案中，并非用人单位辞退邓某，而是邓某主动申请辞职。此后，邓某一直没有为用人单位提供劳动，现要求单位补发工资并支付赔偿金，有违权利义务对等原则，亦没有事实及法律依据。于是判决撤销了劳动争议仲裁委员会作出的仲裁裁决。

评析

在处理本案的过程中，有两种不同的意见。

第一种意见认为，单位部门负责人与邓某签订的协议仅是一个暂时性、过渡性的人事安排，协议本身是否有效并不影响对劳动关系的判断。本案中，单位部门的行为实际上可以看做是代表用人单位与劳动者解除劳动合同所进行的协商。而协议仅是体现双方协商过程中的一个阶段性成果。其实，这个协议就是对双方原劳动合同的变更。根据双方的协议，邓某实际上已经不必再履行原来的劳动义务了，在用人单位最后审批之前，邓某当然无须到岗工作。在此情况下，邓某未到岗上班并未违反其义务，而恰恰是在履行双方的协议，因此，其不到岗行为并不属于旷工。可见，用人单位对邓某做出的《关于邓某自动离职的决定》并无事实根据，且在送达上存在瑕疵，应予以撤销。既然该决定无效，则邓某与用人单位之间的劳动关系仍然存在。双方之间仍然处在协商的过渡性阶段。而造成这种状况的原因正是由于用人单位人事管理上的漏洞所造成的。单位应当对其自身的不当行为承担不利的法律后果，不但应当支付拖欠邓某的工资，还应当对邓某进行赔偿。

第二意见认为，本案中，只有用人单位才有权力与邓某签订有关劳动合同变更的协议。在没有法律依据以及用人单位的特别授权时，部门无权与职工签订有关变更劳动合同的协议，即便订立也属无效。本案的关键是，由于邓某申请辞职在先，邓某与用人单位之间的劳动关系已经因为邓某的辞职行为而解除。根据《劳动法》、《劳动合同法》的有关规定，劳动者只要提前30日书面通知用人单位，即可解除劳动合同。在原劳动部《关于〈劳动法〉若干条文的说明》中，对《劳动法》第三十一条进行了进一步的说明，"本条（三十一条）规定了劳动者的辞职权，除此条规定的程序外，对劳动者行使辞职权不附加任何条件"。同时，原劳动部办公厅《关于劳动者解除劳动合同有关问题的复函》（劳办发〔1995〕324号）规定，劳动者提前30日以书面形式通知用人单位，既是解除劳动合同的程序，也是解除劳动合同的条件。劳动者提前30日以书面形式通知用人单位解除劳动合同，无须征得用人单位的同意。

可见，劳动者行使辞职权无须征得用人单位的批准，这是劳动者单方解除劳动合同与协商解除劳动合同的区别所在。本案中，邓某通过部门向单位提交了辞职申请，首先，表明是其个人原因而决定与用人单位解除劳动合同；其次，自2010年12月，用人单位没有再向邓某支付过工资，而邓某对此则未提出异议，表明邓某辞职是其真实的意思表示。也就是从那时起，双方之间的劳动关系已经实际解除。

案例四十七

主体不适格，人民法院能否未审先判

案情简介

苏某是某公司的股东。双方因股权争议，苏某曾到人民法院起诉过公司，后因故撤诉。撤诉之后，苏某又以双方发生劳动争议为由，向劳动争议仲裁委员会提出仲裁申请。审理中，劳动争议仲裁委员会以苏某未能提供有效证据证明其与该公司之间存在劳动关系，双方关系不属于《劳动法》调整范围为由做出不予受理决定。对此，苏某不服，又向人民法院提起民事诉讼。

判决结果

人民法院审理后认为，苏某所诉被告不适格，于是裁定驳回了他的起诉。

评析

被告不适格，是裁定驳回起诉，还是判决驳回诉讼请求，一直以来争议不断。是否裁定驳回起诉，要看原告的起诉是否符合《民事诉讼法》第一百零八条的规定。因为只要是对仲裁裁决不服就可以向人民法院起诉，是符合起诉条件的，所以只能以双方之间不存在劳动关系为由，从实体上驳回。人民法院受理民事案件，只要符合《民事诉讼法》第一百零八条规定的四个起诉条件，即应受理。这四个立案条件分别是：①原告是与案件有直接利害关系的公民、法人和其他组织；②有明确的被告；③有具体的申诉请求和事实、理由；④属于人民法院受理民事诉讼范围和受诉人民法院管辖。

"有明确的被告"，只要求被告是一个客观存在的人，包括自然人、法人和其他社会组织，即符合"明确被告"的立案要求。至于双方是否存在某种法律关系，应由人民法院开庭审理，在经过原被告双方充分辩论后，确实证明双方不存在原告所主张的某种法律关系，应当判决驳回原告的诉讼请求，而不是裁定驳回起诉。如果未经开庭，立案时就直接裁定驳回，则容易造成立审不分，立案法官事实上行使了审判权，很有可能错误地剥夺了原告的诉权。

对于劳动争议案件，是否能够进入审判程序，不仅取决于当事人是否"明确"，还必须满足当事人必须符合"主体适格"的要求。最高人民法院《关于审理劳动争议案件适用法律若干问题的解释》第四条规定，劳动争议仲裁委员会以申请仲裁的主体不适格为由，做出不予受理的书面裁决、决定或者通知，当事人不服，依法向人民法院起诉的，经审查，确属主体不适格的，裁定不予受理或驳回起诉。

所谓"主体不适格"，不仅意味着劳动者和用人单位不符合《劳动法》、《劳动合同法》所规定的主体资格，而且也包含了劳动者和用人单位不存在劳动关系的情形。这就要求人民法院在对劳动争议仲裁委员会作出不予受理的劳动争议立案时，必须根据最高人民法院司法解释的相关规定进行审查。而这个"审查"绝非"实质审查"。本案中，苏某提出的诉讼请求并不是劳动关系的确认之诉，因此审查双方是否存在劳动关系，并非是对原告苏某的诉讼请求进行审查。如果经审查双方之间不存在劳动关系，即"确属主体不适格的"，人民法院则可当即裁定不予受理。

裁定不予受理是指人民法院发现起诉不符合受理条件，以裁定的形式告知当事人该起诉不能进入司法审判程序。它是发生在审查起诉阶段，解决的是程序问题，而并未解决实体争议，当事人还能另行起诉。起诉人对不予受理可以上诉也可以申请再审。

案例四十八

劳动者不同意延长劳动合同期限有什么后果

案情简介

戴某与某公司签订了1年期限的劳动合同。在劳动合同即将到期的前1个月，公司通知戴某，公司愿意以不降低原劳动合同中双方约定的条件，再与戴某续签为期3年的劳动合同，如果戴某不认可上述条件可视作本人拒绝续签劳动合同。戴某随即表示同意续签，但要求续订劳动合同的期限仍然为1年。后公司以戴某不愿意与公司续订劳动合同为由，终止了与戴某的劳动合同，并拒绝向其支付经济补偿金。双方几次协商没有结果，戴某于是向劳动争议仲裁委员会提出仲裁申请。

仲裁结果

劳动争议仲裁委员会受理后，依法组成仲裁庭，对该案进行了公开审理，并且支持了戴某的申诉请求，裁决公司依法向戴某支付终止劳动合同的经济补偿金。

评析

双方争议的焦点是劳动者与用人单位在协商续订劳动合同的过程中发生争议,导致劳动合同终止,用人单位是否应当支付劳动者经济补偿金,也即关于《劳动合同法》第四十六条第(五)项如何适用的问题。《劳动合同法》第四十六条规定,除用人单位维持或者提高劳动合同约定条件续订劳动合同,劳动者不同意续订的情形外,用人单位依照本法第四十四条第(一)项规定终止固定期限劳动合同的,应当向劳动者支付经济补偿。

一种观点认为,劳动合同期限是劳动合同的一项主要内容,用人单位续订劳动合同时,提出延长劳动合同期限,属于在原劳动合同约定条件的基础上提高了约定条件。本案中,戴某在明知公司"不认可上述条件视作本人拒签劳动合同"的前提下,坚持"只续签一年劳动合同",这实际上是不认可公司所提出的签订更高条件劳动合同。在这种情况下,公司与戴某终止劳动合同,符合《劳动合同法》第四十六条第(五)项的规定,也无须向戴某支付经济补偿金。

还有一种观点认为,不能简单地将劳动合同期限的延长等同于约定条件的提高。劳动合同的期限,是劳动者与用人单位双方享有权利和履行义务的时间界限。与劳动合同中的劳动报酬、劳动条件等容易做出"高低"判断的约定条件不同,对劳动合同期限延长是否属于约定条件提高做出判断时要具体问题具体分析。

劳动合同期限长,对于部分劳动者来说,就业权得到保障,享受劳动报酬、社会保险权利增加,无疑是有利的;但是,对于另外一部分劳动者来说,则可能意味着较长的劳动义务承受期,也就是有对他们不利的方面。因此,不能简单地理解为劳动合同期限越长,对劳动者越有利。类似的还有劳动合同的其他必备条款,如工作内容、工作时间、工作地点等等。

本案中,戴某与用人单位在续订劳动合同的协商过程中,首先要适用《劳动合同法》第三条的规定,即订立劳动合同,应当遵循合法、公平、平等自愿、协商一致的原则。公司提出延长劳动合同期限,对此戴某并不是必须要同意,而应当是按照上述原则,双方协商确定劳动合同的内容;协商不成的,应当按照原劳动合同的条件确定。

因此,本案应当认定是属于劳动者同意维持原劳动合同约定条件续订劳动合同,而用人单位拒绝并终止劳动合同,所以用人单位应当向其支付经济补偿金。

案例四十九

劳动者主动辞职,能否得到经济补偿金

案情简介

廖某于1998年8月到某公司工作,双方签订了劳动合同。2009年3月,因该公司经常无故拖欠、克扣工资,廖某主动提出解除劳动合同,并于当日离开了公司。此前12个月,廖某的月平均工资为1 127元。廖某要求公司给付其被拖欠、克扣的工资16 500元和解除劳动合同的经济补偿金16 240元。

该公司支付了拖欠廖某的工资。而对于经济补偿金,公司只同意支付自2008年1月1日《劳动合同法》实施之日起计算的经济补偿金。公司认为,在《劳动合同法》实施之前,根据原劳动部《关于实行劳动合同制度若干问题的通知》(劳部发〔1996〕354号)第二十条的规定,劳动者按照《劳动法》第二十四条的规定,主动提出解除劳动合同的,用人单位可以不支付经济补偿金。协商未果,廖某向劳动争议仲裁委员会提出仲裁申请。

仲裁结果

劳动争议仲裁委员会经审理,做出如下裁决:该公司于裁决生效之日起7日内给付廖某解除劳动合同的经济补偿金16 240元。

评析

《劳动合同法》第三十八条、第四十六条第（一）项规定，因用人单位未按照劳动合同约定提供劳动保护或者劳动条件、未及时足额支付劳动者劳动报酬、未依法为劳动者缴纳社会保险费等情形，迫使劳动者主动提出解除劳动合同的，用人单位应按照相关规定给付劳动者解除劳动合同的经济补偿金；同时，《劳动合同法》第九十七条第三款规定，"本法施行之日存续的劳动合同在本法施行后解除或者终止，依照本法第四十六条规定应当支付经济补偿的，经济补偿年限自本法施行之日起计算；本法施行前按照当时有关规定，用人单位应当向劳动者支付经济补偿的，按照当时有关规定执行"。那么，《劳动合同法》施行前，辞职的劳动者主张用人单位支付经济补偿金是否有相关规定呢？

最高人民法院《关于审理劳动争议案件适用法律若干问题的解释》（法释〔2001〕14号）第十五条规定，"用人单位有下列情形之一，迫使劳动者提出解除劳动合同的，用人单位应当支付劳动者的劳动报酬和经济补偿，并可支付赔偿金：（一）以暴力、威胁或者非法限制人身自由的手段强迫劳动的；（二）未按照劳动合同约定支付劳动报酬或者提供劳动条件的；（三）克扣或者无故拖欠劳动者工资的；（四）克扣或者无故拖欠劳动者工资的；（五）拒不支付劳动者延长工作时间工资报酬的；（六）低于当地最低工资标准支付劳动者工资的"。因此，公司应当向其支付《劳动合同法》施行前工作年限的经济补偿金。

那么，经济补偿金是从《司法解释一》施行之日起计算还是从《劳动法》实施之日起计算呢？劳动仲裁员认为，应当从《劳动法》颁布之日起计算，理由如下：第一，《劳动法》第三十二条规定，"有下列情形之一的，劳动者可以随时通知用人单位解除劳动合同：（一）在试用期内的；（二）用人单位以暴力、威胁或者非法限制人身自由的手段强迫劳动的；（三）用人单位未按照劳动合同约定支付劳动报酬或者提供劳动条件的"。原劳动部《关于贯彻执行〈中华人民共和国劳动法〉若干问题的意见》第四十条规定，劳动者依据《劳动法》第三十二条第（一）项解除劳动合同，用人单位可以不支付经济补偿金，但应按照劳动者的实际工作天数支付工资。第二，最高人民法院、最高人民检察院《关于适用刑事司法解释时间效力问题的规定》（高检发释字〔2001〕5号）第二条规定，"对于司法解释实施前发生的行为没有相关司法解释，司法解释施行后尚未处理或者正在处理的案件，依照司法解释的规定办理"。当然，民事方面的司法解释在时间效力问题上也可以沿用此规定。《司法解释一》第十五条即是对《劳动法》第三十二条第（二）项、第（三）项和第九十一条的具体解释。

案例五十

是否应支付该股东两倍工资的赔偿金

案情简介

2010年4月，仇某联合其他几人共同投资组建成立了A公司，仇某作为该公司的股东之一，出资额占总投资总额的15%。由于处于创业初期，该公司规模较小，A公司任命仇某从事销售工作。双方从未对仇某的工资作出过约定，也未与仇某签订书面劳动合同。2010年9月底，由于A公司未能赢利，仇某退出股份，要求A公司支付其5个月的工资及未签订书面劳动合同的赔偿金，但遭到A公司拒绝。A公司认为仇某是公司股东，享受分红，是不领取工资的。双方协商未果，于是仇某向劳动争议仲裁委员会提出仲裁申请，要求公司支付其2010年4月至2010年9月的工资及未签订书面劳动合同的两倍工资。

仲裁结果

劳动争议仲裁委员会审理后，认定双方存在事实劳动关系，A公司应当承担未签订书面劳动合同的两倍工资，裁决支持了仇某的仲裁请求。

评析

劳动争议仲裁委员会经过审理认为，根据原劳动部《关于确立劳动关系有关事项的通知》第一条规定，用人单位招用劳动者未订立书面劳动合同，但同时具备下列情形的，劳动关系成立：①用人单位和劳动者符合法律法规规定的主体资格；②用人单位依法制定的各项劳动规章制度适用于劳动者，劳动者受用人单位的劳动管理，从事用人单位安排的有报酬的劳动；③劳动者提供的劳动是用人单位业务的组成部分。本案中，仇某虽然作为 A 公司的股东之一，但还直接参与公司的经营活动，并在公司担任一定的职务，因此也是符合法律法规规定的劳动者，接受该用人单位的劳动管理，从事的销售业务也是 A 公司的业务组成部分。因此，劳动争议仲裁委员会认为双方之间存在事实劳动关系。

《劳动合同法》第八十二条明确规定，用人单位自用工之日起超过 1 个月不满 1 年未与劳动者订立书面劳动合同的，应当向劳动者每月支付两倍的工资。仇某与 A 公司建立劳动关系，A 公司应当支付劳动报酬，这种支付义务不能因为仇某是公司股东而免除，A 公司也就应当与其签订书面劳动合同，承担未签订书面劳动合同的两倍工资。至于仇某的月工资标准，劳动争议仲裁委员会认为，即使双方未对劳动报酬作出明确约定，并不影响双方劳动关系的确立。仇某的工资标准可以参照当地劳动力市场工资指导价位中销售和营销经理的中位数的额度确定。

案例五十一

劳动争议仲裁委员会能否受理住房补贴争议

案情简介

2006 年 8 月孔某从某单位参加工作，双方签订了劳动合同，约定劳动合同终止日期为 2014 年 2 月。2010 年 3 月，孔某提出辞职，双方解除了劳动合同。之后，孔某向劳动争议仲裁委员会提出仲裁申请，称其在原单位工作时，租住该单位住房。根据 2006 年 8 月原单位发布的住房管理办法补充规定，该单位一次性支付其住房补贴 70 000 元，但是该单位违反约定，没有向其支付住房补贴，要求用人单位支付其 2006 年 8 月至 2010 年 3 月期间的住房补贴 70 000 元。

该单位则认为，双方的劳动合同已于 2010 年 3 月解除，该单位从未作出过给予职工住房补贴的承诺，孔某要求支付住房补贴的要求没有事实和法律依据，而且该争议也不属于劳动争议仲裁委员会受理范围。经查，孔某提交的证据中只有一份劳动合同，其中并未记录双方关于住房补贴的约定。

仲裁结果

劳动争议仲裁委员会认为，住房补贴应属于津贴和补贴的范围，该案属于劳动争议。但是，孔某虽称某单位应向其支付住房补贴，但未提交相关证明，而且双方签订的劳动合同也没有关于住房补贴的约定。于是，劳动争议仲裁委员会裁决驳回了孔某的仲裁请求。

评析

处理过程中，部分劳动仲裁员认为，此案属于劳动争议，劳动争议仲裁委员会应予受理。《劳动部关于贯彻〈劳动法〉若干问题的意见》第五十三条规定，《劳动法》中的"工资"是指用人单位依据国家有关规定或劳动合同的约定，以货币的形式直接支付给本单位劳动者的劳动报酬，包括计时工资、计件工资、奖金、津贴和补贴、延长工作时间的工资报酬以及特殊情况下支付的工资。国家统计局《关于工资总额的规定》第四条规定，"工资总额由下列六个部分组成：①计时工资；②计件工资；③奖金；④津贴和补贴；⑤加班加点工资；⑥特殊情况下支付的工资"。根据上述规定，住房补贴应当属于津贴和补贴的范围。此外，《劳动争议调解仲裁法》第二条规定，因劳动报酬和福利问题发生的争议属于该法调整范围。因此，本案中，孔某要求原单位支付住房补贴的请求属于劳动争议。

但是，部分劳动仲裁员认为，此案不属于劳动争议。《劳动争议调解仲裁法》第二条规定，"中华人民共和国境内的用人单位与劳动者发生的下列劳动争议，适用本法：（一）因确立劳动关系发生的争议；（二）因订立、履行、变更、解除和终止劳动合同发生的争议；（三）因除名、辞退和辞职、离职发生的争议；（四）因工作时间、休息休假、社会保险、福利、培训以及劳动保护发生的争议；（五）因劳动报酬、工伤医疗费、经济补偿或者赔偿金等发生的争议；（六）法律、法规规定的其他劳动争议"。可见，《劳动争议调解仲裁法》并未明确住房补贴属于劳动争议。《劳动部关于贯彻〈中华人民共和国劳动法〉若干问题的意见》第五十三条及《关于工资总额的规定》中也未明确住房补贴属于职工福利或工资。

《最高人民法院关于审理劳动争议案件适用法律若干问题的解释（二）》第七条规定，"下列纠纷不属于劳动争议：（一）劳动者请求社会保险经办机构发放社会保险金的纠纷；（二）劳动者与用人单位因住房制度改革产生的公有住房转让纠纷；（三）劳动者对劳动能力鉴定委员会的伤残等级鉴定结论或者对职业病诊断鉴定委员会的职业病诊断鉴定结论的异议纠纷；（四）家庭或者个人与家政服务人员之间的纠纷；（五）个体工匠与帮工、学徒之间的纠纷；（六）农村承包经营户与受雇人之间的纠纷"。但该解释并未明确住房补贴是否属于劳动争议。可见，住房补贴是否属于职工工资福利没有明确的法律规定，如果简单地认为住房补贴属于劳动争议，显然缺乏依据。因此，孔某要求单位支付住房补贴的请求不属于劳动争议仲裁委员会受案范围，应予驳回。

经过讨论，大多数劳动仲裁员认为第一种观点较为妥当。尤其是在单位已经发布内部规章制度确定发放住房补贴的情形下，货币化的住房补贴应该作为"工资"的一部分。但是，本案中，孔某虽然称单位应支付其住房补贴，但没有提交相关证据材料予以证明，并且双方签订的劳动合同也没有关于住房补贴的约定，劳动争议仲裁委员会据此裁决驳回申诉人的仲裁请求是完全正确的。

案例五十二

劳动者的人事档案和社保关系应予以转移

案情简介

龚某与某公司经过协商签订了"协议书",双方约定,龚某为公司的服务年限不得少于4年,服务期届满前,如果龚某因违反公司规章制度而被解除劳动合同,或单方面提出解除劳动合同的,需向公司支付违约金30 000元,但为公司服务每满1年减少25%;服务期未满龚某离职时,如果拒不补齐违约金,公司有权不予办理龚某各种关系的转移手续。

2005年12月,龚某因个人原因向公司提出辞职申请,并于2006年1月与公司解除了劳动合同,但公司一直拒绝为龚某办理人事档案和社会保险的转移手续。直到2009年10月,在多次协商未果的情形下,龚某先后向劳动争议仲裁委员会提出仲裁申请和向人民法院提起民事诉讼,要求公司依法办理人事档案和社会保险关系的转移手续,并承担因未能及时转移而导致其不能依法享受各项社会保险待遇的损失总计35 000元。在劳动争议仲裁委员会仲裁和人民法院的审理中,该公司均以双方在协议中有约定为由,认为不应承担为龚某转移各种关系的责任,并提出龚某的诉讼请求已经超过仲裁及诉讼时效,请求予以驳回。

判决结果

人民法院审理后,判决该公司于判决生效之日起3日内为龚某办理人事档案及社会保险关系的转移手续;驳回原告龚某的其他诉讼请求。

评析

《劳动合同法》第五十条明确规定,用人单位应当在解除或者终止劳动合同后15日内为劳动者办理人事档案和社会保险关系转移手续。本案中,双方签订的"协议书"中关于如龚某不交齐违约金,公司有权不予办理其各种关系的转移手续的约定，违反了法律的强制性规定，属于无效约定。因此，人民法院未采纳该公司的答辩意见，对龚某的诉讼请求予以支持。

用人单位是否有权以协议约定为由拒绝转移劳动者的人事档案和社会保险关系。用人单位和劳动者在劳动合同解除或者终止后，劳动者要求用人单位办理转移人事档案、社会保险关系，是劳动者合法权益的重要内容，用人单位无权以协议约定为由拒绝转移劳动者的人事档案和社会保险关系。不管劳动者以何种方式离职，在劳动合同解除或者终止后，用人单位应当及时将劳动者的人事档案转移，也无权以劳动者不交培训费、不退住房、不缴纳违约金等为由予以扣押。同样，劳动者的社会保险关系具有强制性和唯一性的特征。在劳动合同解除或者终止后，用人单位应当为劳动者办理社会保险关系的转移手续。本案中，该公司提出龚某因服务期未满单方解除劳动合同应缴纳违约金，其可以通过申请劳动争议仲裁、民事诉讼等途径来解决与龚某的争议。但如果想通过扣押龚某的人事档案和不转移社会保险关系的方式来达到要求其缴纳违约金的目的，则是不可取的。

《劳动争议调解仲裁法》第二十七条规定，劳动争议申请仲裁的时效期限为1年。劳动争议仲裁时效期间从当事人知道或者应当知道其权益被侵害之日起计算。本案中，龚某一直要求公司予以办理转移手续，但公司拒绝为其办理人事档案和社会保险关系转移的行为一直处于持续状态，因此对该公司提出的龚某的诉讼请求超过仲裁时效及诉讼时效的抗辩理由，人民法院未予采纳。

案例五十三

如何区别值班和加班

案情简介

陶某于2006年11月到2010年12月在某公司工作，担任该公司的试验室技术员，从事产品研发工作。2010年12月陶某辞职。2011年3月，陶某向劳动争议仲裁委员会提出仲裁申请，要求该公司依法支付其2006年11月到2010年12月工作期间的加班工资共计60 000元。

劳动争议仲裁委员会受理了此案，从公司提供的考勤资料和其他证据来看，该单位实行的是标准工时制度，没有陶某加班的记录。同时，调查中该公司辩称，陶某所在的实验室共有4名职工，实行的是星期六、星期日轮流值班制度，值班时的主要任务是接听电话，记录电话内容和实验室的一些数据等（有实验室值班记录、实验室其他工作人员及陶某本人的笔录为证），轮流值班人员由试验室自行调整，单位未安排职工加班。陶某也一直未对用人单位安排加班一事提供相关证据材料。

仲裁结果

劳动争议仲裁委员会经过审理，采信了用人单位关于陶某属于值班的认定，作出驳回陶某要求该公司支付加班期间的加班工资的仲裁裁决。

评析

关于陶某属于值班还是加班的问题，有两种观点：一种观点认为值班不等于加班，另一种观点认为值班就是加班，二者没有本质上的区别。主要理由是法律法规对值班未作明确规定，如果将值班和加班截然区分，客观上会使用人单位以值班替代加班，不利于保护劳动者的权益；同时，值班也是用人单位安排的工作内容，劳动者也因为值班未能行使法律规定的休息权利。

在实践中，值班现象是客观存在的，较为普遍。第二种观点既不利于维护劳动者和用人单位的合法权益，也不利于用人单位的持续健康发展。在值班和加班过程中，劳动者付出的劳动力价值是不相等的。因此，要本着客观公正的原则以及劳动保障立法精神来界定值班和加班。原劳动部《关于贯彻执行〈中华人民共和国劳动法〉若干问题的意见》（劳部发〔1995〕309号）第五十五条规定，"劳动法第四十四条中的'劳动者正常工作时间工资'是指劳动合同规定的劳动者本人所在工作岗位、职位相对应的工资"的规定，加班工资也应当与工作岗位、职位相对应。《关于〈中华人民共和国劳动法〉若干条文的说明》（劳办发〔1994〕289号）第四十一条规定，"用人单位由于生产经营需要，经与工会和劳动者协商后可以延长工作时间，一般每日不得超过1小时；因特殊原因需要延长工作时间的，在保障劳动者身体健康的条件下延长工作时间每日不得超过3小时，但是每月不得超过36小时"；本条中的"延长工作时间"是指单位在执行工作时间制度的基础上加班加点；本条中的"生产经营需要"是指来料加工、商业企业在旺季完成收购、运输、加工农副产品紧急任务等情况，加班是劳动者工作的延续，即加班的劳动者除了国家规定的上班时间外，还要针对"同一工作"额外付出一定的劳动，加班时的工作内容与正常上班时几乎相同。值班则不同，值班的内容一般与工作内容有较大区别，并不具有工作的延续性。

从上述分析看，陶某休息日在实验室的任务仅为接电话、做记录，未从事相关产品的研发工作，劳动强度较正常工作低，工作内容较平时少，工作性质单一，该单位并未安排职工加班，由实验室自行调整。陶某休息日的工作应为值班，而不是加班。

实践中，对于值班与加班问题，需要把握以下几点：一是首先判断劳动者延长工作时间的工作内容是否符合《劳动法》、《劳动合同法》对加班的定义。即劳动者延长工作时间的工作内容是否属于"用人单位由于生产经营需要，经与工会和劳动者协商后做出的安排"。如果符合这一定义，则可认定为加班，应当支付加班工资；如果劳动者的工作内容不符合这一定义，则应当按照值班处理。二是如果用人单位提出在管理中实行值班加班制度，应当明确其是否有值班和加班的具体规定。这种制度可以防止部分用人单位逃避法律责任，一味地扩大值班的适用范围，对劳动者权益造成损害。三是即使是加班，也要严格执行《劳动法》第四十一条、四十二条、四十三条、四十四条等规定，以不影响劳动者身心健康为前提。四是值班的劳动报酬可以约定，但建议不能低于《劳动法》第四十四条和《工资支付暂行规定》第十三条规定标准的90%，单位效益好的可以高于这个标准。同时，要注意防止用人单位以合法形式达到非法目的。

案例五十四

实行综合计算工时制是否有加班之说

案情简介

姚某于2009年8月入职某公司，担任该公司电工，主要从事维修工作，月薪2 000元。2011年4月，姚某向劳动争议仲裁委员会提出仲裁申请，诉称其在公司工作期间，每天24小时均在配电室工作，从未休息，公司也没有支付其2009年8月至2010年12月期间每天延时16小时的加班工资、休息日和法定节假日每天工作24小时的加班工资。姚某提供了2009年9月至2010年12月期间的160张维修单。维修单显示，在此期间内，姚某在工作日标准工作时间外维修86次、休息日维修30次、法定休假日维修44次。公司对维修单的真实性无异议。但是，公司辩称，公司与姚某签订的是综合计算工时工作制的劳动合同，并经劳动保障行政部门审批，劳动合同约定每月基本工作时间为166.6小时。同时，公司认为姚某可能存在工作时间之外另有工作的情形。

仲裁结果

劳动争议仲裁委员会受理此案后，经主持调解，双方达成一致意见，公司同意对陶某按照每月超出166.6小时的工作时间支付加班工资。

评析

用人单位因生产特点不能实行标准工时制度，且符合条件的经劳动保障行政部门批准可以实行综合计算工时制度，即分别以月、季、年等为周期，综合计算工作时间，但其平均日工作时间和平均周工作时间应与法定标准工作时间基本相同。一般情况下，每月基本工作时间为166.6小时，半年为1 000小时，全年2 000小时。超过法定标准工时部分，用人单位应当支付劳动者延长工作时间的劳动报酬，即加班工资。实行综合计算工时制，并不意味着用人单位可以任意安排职工工作而违背劳动保障法律法规中有关工作时间和休息休假的规定。综合计算工时制虽然不严格限制每个工作日的工作时间长度，但是用人单位应当按照标准工作日的工作时间长度安排职工的工作任务，以保证劳动者的正常休息，保障劳动力的再生产。

本案中，公司根据电工维修工作的特点，与陶某签订综合计算工时制的劳动合同。陶某主要从事维修工作，要求其仅在故障出现时到场维修即可，每月基本工作时间为166.6小时。在无故障出现时，陶某实际处于空闲状态，故其工作具有机动作业性质，对其实行综合计算工时工作制，符合其工作特点；但不能因此认定陶某每天24小时都在工作。具体工作时间还应根据维修单的记录进行累加，对于每月超出166.6小时的工作时间，应认定为加班，按照《劳动法》第四十四条、《劳动合同法》第八十五条的规定向陶某支付加班工资。

案例五十五

这种行为是否属于法律规定的连续旷工

案情简介

景某于2006年7月入职某公司，担任该公司保安，双方未签订劳动合同，只是口头约定景某月工资1 880元。2006年8月12日公司以景某不适应企业文化为由口头通知与其解除劳动合同，景某于当天开始办理离职交接手续，并在《离职交接清单》上填写离开时间为8月12日，公司在交接清单上填写"8月12日已收工卡、职工手册，工作服于发工资时一并缴交，工资发至7月17日"。景某实际工作到8月12日，之后公司没有为景某安排工作。9月1日景某交回工作服2套。9月2日公司以邮寄方式发出《通知》给景某，以景某2006年8月12日下午开始无故离开公司连续旷工为由，依据《职工手册》的规定作出辞退处理。收到通知后，景某不服，向劳动争议仲裁委员会提出仲裁申请，要求公司向其支付解除劳动合同的经济补偿金，未提前一个月通知的代通知金。

仲裁结果

劳动争议仲裁委员会受理后，主持双方调解未果，于是作出如下裁决：该公司在裁决书生效之日起5日内支付景某解除劳动合同的经济补偿金1 880元、未提前通知的代通知金655元。

评析

本案中，申诉人景某与被申诉人公司虽未签订劳动合同，但双方存在事实劳动关系。被申诉人单方解除与申诉人的劳动合同，应当书面通知申诉人，2006年8月12日被申诉人仅以口头方式通知申诉人解除劳动合同，导致双方对申诉人应工作至何时产生争议，被申诉人对此应当承担过错责任。

被申诉人于口头通知当日收回申诉人的工卡、职工手册，并于2006年9月1日收回工作服，申诉人已不可能正常回单位上班或按原合同继续履行岗位职责，被申诉人未再给予申诉人工作安排，也无书面关于办完离职交接手续后应如何处理的规定，申诉人有理由认为办理完交接手续后可以不再回单位上班。

被申诉人未提供证据证明8月12日后多次通知申诉人回单位上班，申诉人在8月12日后也曾回单位办理过部分交接手续，被申诉人未对其进行考勤或告知其回单位工作，被申诉人主张申诉人旷工理由不成立。

8月12日以后应视为被申诉人安排申诉人放假，双方的劳动合同自2006年8月12日正式解除，被申诉人应支付申诉人解除劳动合同的经济补偿金，申诉人要求被申诉人支付解除劳动合同的经济补偿金1 880元予以支持。

被申诉人以申诉人不适合企业文化为由解除劳动合同，应当提前30日通知申诉人，被申诉人提前通知的天数不足30日，根据法律法规的有关规定，被申诉人应支付申诉人代通知金655元。

案例五十六

用人单位收取劳动者风险抵押金要承担风险

案情简介

2008年1月，某公司进行改制，卢某作为职工出资成为股东。2009年1月，卢某与公司签订了无固定期限劳动合同，双方建立了劳动关系。2009年2月公司要完成一个工程项目，卢某与公司签订了《项目承包经济责任书》，其作为项目经理支付了300 000元的"风险抵押金"，并约定项目经理对工程全过程的各项经济技术指标负责。2009年4月，卢某被调离项目部。之后，卢某要求公司退还风险抵押金未果。于是向人民法院提起诉讼。公司认为，卢某是公司股东，是项目的负责人，其缴纳风险抵押金的行为是基于其管理者身份，而不是双方的劳动关系。由于其管理不到位，造成项目严重亏损，公司决定将其缴纳的风险抵押金全部扣抵亏损。该决定已通过正式会议纪要和文件的形式发送给公司全体股东，因此不同意退还风险抵押金。

判决结果

人民法院审理后认为，原告卢某虽然承包了项目工程，但其仍然是公司的劳动者，双方之间建立了劳动关系，其承包人的身份并没有改变这一基本性质。劳动者通过提供劳动获取劳动报酬，不应分担公司经营的商业风险。因此，被告公司收取的风险抵押金应当无效。于是判决该公司返还卢某风险抵押金 300 000 元。

评析

用人单位向劳动者收取风险抵押金在现实中较为普遍。原劳动部在《关于贯彻执行〈中华人民共和国劳动法〉若干问题的意见》第二十四条中明确规定，"用人单位在与劳动者订立劳动合同时，不得以任何形式向劳动者收取定金、保证金（物）或抵押金（物）"。这使用人单位在订立劳动合同时向劳动者收取"抵押金"等财物的行为当然无效。但如果是在劳动关系建立后再收取"抵押金"，是否也无效呢？这种情况应当具体情况具体分析。目前明确规定可以收取风险抵押金的立法性文件，是2006 年 8 月 1 日财政部、国家安全监督总局、人民银行联合制定的《企业安全生产风险抵押金管理暂行办法》。该办法规定，对矿山（煤矿除外）、交通运输、建筑施工、危险化学品、烟花爆竹等行业或领域从事生产经营活动的企业可以收取安全生产风险抵押金。根据该规定，相应金额应以单位名义专户存储，用途为本企业生产安全事故抢险、救灾和善后处理的专项资金。也就是说，缴款对象是企业而不是劳动者；收款人则是省、市、县级安全生产监督管理部门及同级财政部门，而不是企业；而款项的目的是生产安全事故的处理和善后，不是任意企业活动。由此看来，即使是收取风险抵押金，也要看抵押金性质、目的和履行方式，而不是当然合法。

本案中，根据双方的承包合同，风险抵押金用途是担保"工程从开工到竣工结算及回收工程款全过程的各项经济技术指标"。如果技术指标理解为工程质量标准，而经济指标则显然是指项目的赢利状况，根据公司的答辩"项目发生严重亏损"，则企业的用意还是在经营风险。劳动者在任何情况下都不应承担企业的经营风险。虽然劳动者与用人单位签订了承包合同，但是由于该合同的本质是将企业的经营风险转嫁给劳动者，违反了劳动保障法律的基本原则，侵害了劳动者的利益，因此是无效的。再者，就公司股东的身份而言，对于公司的经营盈亏风险，公司的股东是按其出资的份额承担有限责任,而绝非以缴纳风险抵押金的方式承担。

案例五十七

同工同酬是否等于相同岗位和相同待遇

案情简介

付某是某公司职工。2008 年,公司制定发布了岗位津贴制度,基本内容是"职工基本工资超过 2 000 元人民币的不享受岗位津贴,低于此线的享受岗位津贴"。付某当时的基本工资为 2 547 元,因此其未享受到公司的岗位津贴。2009 年 4 月,付某向劳动争议仲裁委员会提出仲裁申请,诉称自己的工作岗位与另一名职工杨某相同,公司每月向杨某支付岗位津贴 300 元,而自己却没有。付某认为公司的做法违反了同工同酬原则,因此要求公司向其支付自 2008 年至今的岗位津贴共计 3 600 元。对此,公司辩称,公司同部门无相同岗位,付某目前的月工资为 3 500 元,而杨某为 1 800 元,即使两人岗位相同,付某的工资也高于杨某,因此公司并未违反同工同酬原则。劳动争议仲裁委员会经审理支持了公司的答辩理由。付某不服仲裁裁决,向人民法院提起诉讼。

判决结果

人民法院认为,付某提供的《考勤表》、《职工手册》和工资单可以充分说明付某所从事的岗位与杨某相同。因此付某应当与杨某一样享有岗位津贴。于是判决公司向付某补发一年的岗位津贴。

评析

较早明确界定同工同酬原则的,是原劳动部 1994 年下发的《关于〈劳动法〉若干条文的说明》(以下简称"289 号文")第四十六条规定,"同工同酬是指用人单位对于从事相同工作,付出等量劳动且取得相同业绩的劳动者，应支付同等的劳动报酬"。据此规定，同工同酬须具备三个条件，一是相同的工作岗位、工作内容；二是付出相同的工作量；三是取得了相同的工作业绩。如果同时符合这三个条件，劳动者应当享受"同酬"待遇。

劳动密集型企业的工作岗位多为生产型岗位，劳动者的工作量、工作业绩可以通过产品的数量和质量进行量化，是否相同也比较容易判断。随着科技的进步和发展，工作岗位、工作内容日益多元化、技术化、专业化。如果说对于工作岗位和工作内容是否相同，还比较容易确定的话，那么在判断劳动者是否付出了相同的工作量、是否取得了相同的工作业绩，则不再是一个简单的问题了。原劳动部下发的289号文件所做的规定，不能简单地以劳动者是否在相同岗位上工作作为同工的标准和依据。

由于资历、能力、经验等方面的差异，工作岗位、工作内容相同的劳动者，在付出的劳动量、取得的劳动成果方面也不是绝对相同的，劳动报酬会有差别，这也是法律允许的。《劳动合同法》第二十条规定，"劳动者在使用期的工资不得低于本单位相同岗位最低档工资"。其中，"本单位相同岗位最低档工资"，这一条规定本身就表明，同岗位的工资是可以分为不同档次的。289号文件第三条规定，劳动报酬是指劳动者从用人单位得到的全部工资收入。所以，同工同酬所指的劳动报酬不是劳动报酬的某一部分，而是全部所得。

本案中，付某的工资结构虽然没有岗位津贴，但其劳动报酬已经高于同岗位的杨某。在这种情况下，付某主张的实际是劳动报酬的结构不同，而不是全部工资收入不同。基于以上对同工同酬原则的理解，付某和杨某之间并不存在同工不同酬的事实。

因此，人民法院在处理同工同酬案件中，应避免仅凭劳动者在相同岗位工作就认定劳动者应获得完全相同的报酬。在实际经营中，用人单位根据劳动者不同的工作年限、经历、知识、技能等，设立相应的工资结构，并根据上述因素适时做出调整，是用人单位经营自主权的一种体现，并没有违反相关法律原则。

案例五十八

用人单位如何留住高层次人才

案情简介

颜某是某公司的技术负责人，双方签订了3年期限的劳动合同，劳动合同期限从2007年3月起到2010年3月止。双方在劳动合同中约定，公司每月支付颜某8 000元劳动报酬；同时还约定，劳动合同解除或者终止后，1年内颜某不得从事与公司相类似的业务或者到有竞争关系的其他用人单位工作，如果违反约定，颜某需要向公司支付200 000元的违约金。2009年10月，公司发现颜某工作积极性下降，业绩不如从前，于是公司总经理和颜某进行了谈话，称如果颜某仍然消极怠工，公司将会解除与他的劳动合同。颜某未作任何口头表示，但从2009年11月起再也没来公司上班。从2010年1月起，该公司数名职工纷纷跳槽。公司调查后发现，职工均跳槽到另一家公司，而该公司的法定代表人正好就是颜某。于是，公司向劳动争议仲裁委员会提出仲裁申请，要求颜某按照劳动合同的约定承担违反竞业限制义务的违约金。

仲裁结果

劳动争议仲裁委员会审理后认为，双方在签订劳动合同时已经约定了竞业限制条款。颜某在离开公司后，自己创办了一家公司，并将数名职工挖走，明显违反与公司约定的竞业限制条款。于是，劳动争议仲裁委员会根据《劳动合同法》第二十三条、第二十四条的规定，裁决颜某向公司支付劳动合同中约定的违约金200 000元。

评析

《劳动合同法》第二十三条规定，用人单位可以和劳动者签订竞业限制条款。用人单位可以借助竞业限制条款，限制劳动者的择业自主权，在法律层面最大限度地降低高级管理人才和创新技术人才外流的风险。什么是竞业限制？竞业限制是为了避免用人单位的商业秘密被侵犯，劳动者按照与用人单位的约定，在劳动关系结束后的一定时期内，不得到与生产或者经营同类产品、从事同类业务的有竞争关系的其他用人单位工作，也不得自己开业生产或者经营同类产品、从事同类业务。竞业限制的实质是对产品研发人员等掌握用人单位商业秘密的劳动者的择业自主权的限制。

《劳动合同法》第二十三条、第二十四条规定，"竞业限制的人员限于用人单位的高级管理人员、高级技术人员和其他负有保密义务的人员。竞业限制的范围、地域、期限由用人单位与劳动者约定，竞业限制的约定不得违反法律、法规的规定。在解除或者终止劳动合同后，前款规定的人员到与本单位生产或者经营同类产品、从事同类业务的有竞争关系的其他用人单位，或者自己开业生产或者经营同类产品、从事同类业务的竞业限制期限，不得超过两年"。并且，用人单位可以和劳动者约定在解除或者终止劳动合同后，在竞业限制期限内按月给予劳动者经济补偿。劳动者违反竞业限制约定的，应当按照约定向用人单位支付违约金。

本案中，颜某作为公司技术负责人，属于公司的高级技术人员。同时，双方签订的劳动合同中已经约定了竞业限制条款。因此，根据《劳动合同法》第二十三条、第二十四条的规定，颜某应当承担违反竞业限制约定的责任。《劳动合同法》第九十条规定，劳动者违反本法规定解除劳动合同，或者违反劳动合同中约定的保密义务或者竞业限制，给用人单位造成损失的，应当承担赔偿责任。因此，公司还可以根据这一规定，要求颜某赔偿因其行为给公司造成的损失。

用人单位要想留住高层次人才，单单靠签订竞业限制条款还不够，必须进行一系列的制度建设。其前提应当是尽量把职工利益放在首位，给高层次人才提供各种学习的机会，给予他们挑战性工作。通过提供技术入股、持股计划和股票期权的激励方式，增强他们的主人翁意识，使他们愿意成为企业未来发展的主人。

案例五十九

患职业病的劳动者能否享受双重赔偿

案情简介

邹某于 2000 年 3 月被某公司招聘上班。由于其长期接触苯，几年来，邹某常常感到身体不适，2008 年 2 月，邹某被某职业病防治中心诊断为职业性慢性轻度苯中毒。2008 年 4 月，邹某被劳动和社会保障行政部门认定为工伤，并被劳动能力鉴定委员会鉴定为伤残 7 级。2008 年 8 月，邹某领取了工伤保险待遇共计 70 000 余元。邹某认为公司对其患上职业病负有责任，于是向劳动争议仲裁委员会提出仲裁申请，要求公司支付误工费、今后的治疗费和所需的交通费、今后住院治疗的伙食补助、精神损害赔偿金等合计 80 000 元。劳动争议仲裁委员会审查后认为，该案不属于劳动争议受理范围，于是做出不予受理的决定。邹某不服，向人民法院提起诉讼。

判决结果

人民法院经过审理，判决驳回了邹某的诉讼请求。

评析

对工伤事故的救济，历来有侵权损害赔偿和工伤保险赔偿两种方式。《职业病防治法》第五十二条规定，职业病人除依法享有工伤保险外，依照有关民事法律，尚有获得赔偿的权利，有权向用人单位提出赔偿请求。可见，对于已被工伤保险覆盖的项目，法律规定的是采用替代模式。也就是说，只有当职工受到的伤害超出了工伤保险的范围，未被工伤保险项目所覆盖，受伤害职工才可依民事法律的规定提出特定的损害赔偿请求，以补充工伤保险的不足。由于邹某所在单位已经依法参加了工伤保险，缴纳了社会保险费，依照最高人民法院《关于审理人身损害赔偿适用法律若干问题的解释》第十二条的规定，依法应当参加工伤保险统筹的用人单位的劳动者，因工伤事故遭受人身损害，劳动者或者其近亲属向人民法院起诉请求用人单位承担民事赔偿责任的，告知其按《工伤保险条例》的规定处理。而依《工伤保险条例》，劳动关系中的劳动者因工伤事故遭受人身损害，应当按照《工伤保险条例》的相关规定享受工伤保险待遇，不能直接对用人单位提起人身损害赔偿的民事诉讼。

  本案中，邹某在被确认为职业病并被认定为工伤后，已据此享受了7级伤残工伤保险待遇。其中，除去医疗费、鉴定费这些必要花费之外，邹某还领取了一次性伤残补助金。此外，由于《工伤保险条例》规定了职工在停工治疗期间原工资福利待遇不变，受伤害职工所获得的一次性伤残补助金主要是对今后生活的补贴。在工伤保险范围内，邹某因工伤而受到的损害在法律上应视为已经得到赔偿。当然，如果邹某工伤复发，则可根据《工伤保险条例》第三十八条的规定，再享受相关的工伤保险待遇。邹某在没有新事实、新情况的前提下，要求用人单位支付其今后的医疗费、误工费等费用，而这些请求中有些是与工伤保险待遇的功能重叠，自然其诉求不能得到支持。此外，其请求中所指向的损害事实又不确定，所主张的今后的治疗费、伙食补助费、住院费都尚未发生，缺乏事实根据，也是不能得到支持的。

  本案还涉及精神损害赔偿问题。那么，什么是精神损害赔偿？所谓精神损害赔偿是指自然人因其人身权受到不法侵害，使其人格利益和身份利益受到损害或遭受精神痛苦，受害人本人或者近亲属要求侵权人通过财产赔偿等方法进行救济和保护的民事法律制度，属于侵权法的范畴。而从工伤保险的立法宗旨来看，其目的是使受害人迅速获得救济，所以，经工伤保险支付待遇后，受伤害职工不宜再提起侵权损害赔偿诉讼。而且，现行工伤保险赔偿的项目中并没有列明精神损害赔偿，所以邹某主张精神损害赔偿不应得到支持。

案例六十

劳动者能否同时获得经济补偿金与赔偿金

案情简介

黎某于 2009 年 2 月 20 日到某公司工作。双方签订了期限为两年的劳动合同，并约定黎某月工资为 800 元。2010 年 7 月 18 日，公司以黎某不服从管理为由解除了与他的劳动合同。黎某向劳动争议仲裁委员会提出仲裁申请，认为公司做出与其解除劳动合同的决定既没有法律依据，也没有规章制度或劳动合同的支持，属于违法解除，因此，根据《劳动合同法》第四十六条、第四十七条、第四十八条、第八十七条及《违反和解除劳动合同的经济补偿办法》第十条规定，公司应当支付其解除劳动合同的经济补偿金及额外经济补偿金 1 800 元、赔偿金 2 400 元。庭审中，公司没有出示做出解除劳动合同决定的依据。

仲裁结果

劳动争议仲裁委员会审理后认为，该公司未能提供做出解除劳动合同决定的依据，与黎某解除劳动合同是违法解除，于是裁决该公司于裁决生效之日起 7 日内支付黎某解除劳动合同的赔偿金 2 400 元，并驳回黎某其他仲裁请求。

评析

用人单位违法解除劳动合同，是指用人单位不具备法定条件或未经法定程序单方面与劳动者解除劳动合同。《劳动合同法》第四十八条规定，用人单位违法解除劳动合同后，劳动者不要求继续履行劳动合同的，可以得到赔偿金。《劳动合同法实施条例》第二十五条规定，用人单位违反劳动合同法的规定解除或者终止劳动合同，依照《劳动合同法》第八十七条的规定支付了赔偿金的，不再支付经济补偿金。那么，劳动者得到了赔偿金后能否再主张额外经济补偿金？

首先，额外经济补偿金源于《违反和解除劳动合同的经济补偿办法》（劳部发〔1994〕481号）第十条规定，即"用人单位解除劳动合同后，未按规定给予劳动者经济补偿的，除全额发给经济补偿金外，还须按经济补偿金数额的50%支付额外经济补偿金"。由此可见，额外经济补偿金的适用前提是应当支付经济补偿金而未按规定支付。用人单位违法解除劳动合同应当支付赔偿金，而不是经济补偿金，因此，劳动者主张额外经济补偿金因缺少前提条件而不能成立。

其次，额外经济补偿金具有惩罚性质。《劳动合同法》第四十八条、第八十七条规定的赔偿金是经济补偿标准的两倍，也明显带有惩罚性质。根据民法法则的一般理念和法律效力的层次，就同一事实惩罚不可重复使用，因此支付赔偿金的就不应再支付额外经济补偿金，以免过于加重用人单位的法律责任。

最后，《违反〈中华人民共和国劳动法〉有关劳动合同规定的赔偿办法》（劳部发〔1995〕223号）第二条第四款及第三条规定，用人单位违反规定或劳动合同的约定解除劳动合同对劳动者造成损害的，应当赔偿劳动者损失，但损失赔偿中没有规定"工作一年给付一个月工资"的类似经济补偿的条款，更没有支付额外经济补偿金的条款。因此，从这个角度讲，用人单位违法解除劳动合同，劳动者也得不到额外经济补偿金。

案例六十一

劳动者简历造假是否影响劳动合同的效力

案情简介

2011年2月，薛某被某公司招聘，担任公司的市场总监，双方签订了为期3年的劳动合同。之后，公司以薛某简历造假、工作水平及能力与市场总监应有的工作水平与能力严重不符，给公司造成了重大经济损失为由，解除了双方的劳动合同。后薛某向劳动争议仲裁委员会提出仲裁申请，请求裁决公司向其支付违法解除劳动合同的赔偿金。劳动争议仲裁委员会经审理支持了薛某的仲裁请求。公司不服仲裁裁决，向人民法院提起诉讼，请求人民法院判决双方之间签订的劳动合同无效，公司无须向薛某支付经济补偿金。

庭审中，公司诉称，薛某通过电子邮件向公司发送了个人简历，公司看了其简历后才进行了面试，最终决定录用了薛某。公司对应聘者一贯有学历、工作经历等相关要求，因薛某表示其有本科学历及同行业的工作经历才决定录用的。但公司对此并未提供相关证据。薛某辩称，公司在招聘时，对应聘者并未明确要求具有本科学历及同行业的工作经历，而是因其拥有一定数量的客户，才决定录用的。入职后填写个人信息时虽然涉及学历问题，但公司也未对此提出异议。现在公司为规避违法解除劳动合同的法律责任才提出简历问题。

判决结果

人民法院经审理后认为，该公司基于自己身处招聘方的主动地位，本有能力和条件在招聘时询问和了解求职者有关学历和工作经历等情况，并留存相关证据，但其在诉讼中未能充分举证，致使案件处于真伪不明的状态。因此认定该公司经面试录取薛某，其自愿与薛某签订劳动合同是双方真实的意思表示，合法有效；而薛某简历造假的行为并不影响该劳动合同的效力，符合相关法律规定，不属于《劳动法》、《劳动合同法》规定的无效合同。故对该公司要求确认与薛某所签订的劳动合同无效的诉讼请求不予支持。同时指出，毕竟薛某伪造了自己的简历，无论其是出于什么原因，均属不诚信行为，应该受到谴责。

评析

《劳动合同法》第八条规定了用人单位招用劳动者时，应当如实告知劳动者工作内容、工作条件、工作地点、职业危害、安全生产状况、劳动报酬以及劳动者要求了解的其他情况；用人单位有权了解劳动者与劳动合同直接相关的基本情况，劳动者应当如实说明。同时，《劳动合同法》第二十六条规定,以欺诈手段使对方在违背真实意思的情况下订立或者变更劳动合同的,劳动合同无效或者部分无效。

那么,简历造假的行为是否构成了违反如实说明义务?这要具体问题具体分析。只有在用人单位明确提出了解要求时,劳动者才有如实说明的义务。对于用人单位未提及的事项,劳动者并没有主动披露或说明的义务。至于用人单位有权了解、劳动者有义务说明的事项,则应该先于劳动者自身与劳动合同直接相关的基本情况,如健康状况、知识技能、学历、职业资格、工作经历以及部分与工作有关的劳动者个人情况,如家庭住址、主要家庭成员构成等。而认定"造假"的前提是劳动者负有对用人单位如实说明的义务。劳动者的如实说明义务,是劳动者在签订劳动合同过程中所负有的向用人单位如实说明与劳动合同履行直接有关的基本情况的义务。该义务与用人单位的如实告知义务相同,均为法定义务。

当用人单位在招聘时对职位设定了明确的学历、工作经历等方面的要求和限制,而求职者为应聘该职位提交简历时,对简历的内容就应当履行如实说明的义务。本案中,公司在诉讼中未能充分举证证明其在招聘时向应聘者设置了学历、工作经历方面的要求,因此,薛某的行为不构成对如实说明义务的违背。

案例六十二

劳动者在劳动合同履行期间可否提出签订无固定期限劳动合同

案情简介

董某是一家公司的职工,在公司工作了很多年,双方每5年签订一次劳动合同。2009年,董某已经在该公司工作了12年,但其劳动合同还有3年到期。董某想与公司签订无固定期限劳动合同,但是公司的人力资源部门告诉董某的劳动合同还没有到期,因此没有办法签订无固定期限劳动合同。如果要签订无固定期限的劳动合同，也需要现在签订的劳动合同到期以后才可以签订。协商未果，董某向劳动争议仲裁委员会提出仲裁申请，要求公司与其签订无固定期限的劳动合同。

仲裁结果

劳动争议仲裁委员会经审理后，裁决支持了董某的仲裁请求。

评析

《劳动法》第二十条规定，"劳动合同的期限分为有固定期限、无固定期限和以完成一定的工作为期限。劳动者在同一用人单位连续工作满10年以上，当事人双方同意续延劳动合同的，如果劳动者提出订立无固定期限劳动合同，应当订立无固定期限劳动合同"。根据以上规定，"应当订立无固定期限劳动合同"的前提条件有三个，一是劳动者在同一用人单位连续工作满10年以上；二是当事人双方同意续延劳动合同的；三是劳动者提出订立无固定期限劳动合同。在这三个条件同时具备的情况下，双方才"应当订立无固定期限劳动合同"。以上规定还表明，"应当订立无固定期限劳动合同"的情形只在双方续订劳动合同时发生，是对双方劳动合同续订中有关期限的一种限制性规定。

本案中，董某的劳动合同虽然还没有到期，但其已经在该公司连续工作满10年了，已经具备签订无固定期限劳动合同的条件。因此，依照《劳动合同法》第十四条的规定，该公司应当与董某签订无固定期限劳动合同。

案例六十三

劳动合同中可以约定劳动者放弃社会保险吗

案情简介

许某、余某二人于2003年4月从A公司跳槽到B公司。二人与B公司商定，A公司向许某二人索要的20 000元违约金由B公司承担，许某二人为B公司提供劳动，B公司每月向二人各支付劳动报酬1 500元，但B公司不为他们缴纳社会保险费。协商一致后，B公司分别与许某、余某二人签订了为期5年的劳动合同，并将上述商定内容在劳动合同中注明。合同订立期间，B公司法定代表人口头承诺，"合同中未注明或已注明的事项，以后我们都可以商量"。工作半年后，B公司的职工工资不断提高，许、余二人没有了"高人一等"的工资收入优势，开始忧虑未来的养老问题，因此，二人向B公司提出为他们参保缴费的问题。此时，B公司已更换了法人代表，新的法人代表断然拒绝了许、余二人的要求。许某二人以此为由，提出解除劳动合同的要求。B公司认为，不缴纳社会保险费有约在先，许某、余某如果一定要解除劳动合同，公司就要收取未履行的3年劳动合同的违约金。许某二人未听从B公司的"劝告"，于30日后单方解除了劳动合同，B公司于是向劳动争议仲裁委员会提出仲裁申请。

仲裁结果

劳动争议仲裁委员会受理后，对用人单位进行了劳动保障法律法规宣传教育，经主持调解，公司依法为许某、余某办理了参保手续，并补缴了养老保险费。

评析

缴纳社会保险费是用人单位和劳动者的法定义务，不管用人单位和劳动者如何约定，只要不缴纳社会保险费就是违反劳动保障法律法规的行为，双方的约定是无效的。而且根据《劳动合同法》第三十八条规定，用人单位未依法为劳动者缴纳社会保险费的，劳动者可以解除劳动合同。因此，只要用人单位没有为劳动者缴纳社会保险费，劳动者是可以单方解除劳动合同的。

本案中，尽管许某、余某与B公司在劳动合同中有关于不缴纳社会保险费的约定，但因为该规定违反了法律法规规定，本身是没有法律效力的，因此，许某、余某是可以随时单方解除劳动合同的。因为B公司没有为他们缴纳社会保险费在先，属于违法在先，更何况《劳动合同法》第二十五条明确规定，不得在劳动合同中约定违约金，除非用人单位与劳动者签有保密协议或者服务期协议。因此，许某、余某单方提出解除劳动合同，不需要向B公司支付违约金。

案例六十四

因住房发生的争议是否属于劳动争议

案情简介

梅某与某公司签订了为期6年的劳动合同。双方约定，劳动合同订立后，公司向梅某免费提供两居室住房一套，如果梅某在公司工作满6年，房屋产权归梅某，否则房屋由公司收回。后梅某工作不满6年就辞了职，公司表示同意。但梅某没有将所住房屋退还公司，双方因此发生了争议。经过协商，梅某与公司达成了购房协议。但梅某一直没有支付房款。于是，公司向劳动争议仲裁委员会提出仲裁申请，要求梅某给付公司房款并支付自解除劳动合同后的房屋租金。

仲裁结果

劳动争议仲裁委员会经审理，认为房屋买卖协议是在双方劳动合同解除后才达成的，所以，该案不属于劳动争议受案范围，于是做出不予受理的决定。

评析

劳动争议，又称劳动纠纷，是指劳动关系双方当事人之间因实现劳动权利和履行劳动义务产生分歧而引起的争议。原《企业劳动争议处理条例》第二条规定，"本条例适用于中华人民共和国境内的企业与职工之间的下列劳动争议：（一）因企业开除、除名、辞退职工和职工辞职、自动离职发生的争议；（二）执行国家有关工资、保险、福利、培训、劳动保护的规定发生的争议；（三）因履行劳动合同发生的争议；（四）法律、法规规定应当依照本条例处理的其他劳动争议"。

本案中，双方当事人签订了劳动合同，在劳动合同履行期间，因为梅某自身的原因，劳动合同没有到期就提前离开了工作单位。此时，双方对梅某的辞职、房屋的退还产生的争议属于劳动争议。但双方解除劳动合同后，为解决房屋退还问题，双方当事人达成了购房协议。这一新协议是双方就房屋的价款达成的还款协议，它的标的是房屋的价款，而原劳动合同的标的是劳动关系，两个合同的性质不同。双方签订购房协议是双方的真实意思表示，合法有效，确定了平等主体间的权利义务关系，这也正是民法的调整对象。所以，本案应当依照民法予以处理，而不应适用劳动争议的规定。

案例六十五

该案属于劳动争议还是人身损害赔偿纠纷

案情简介

2006年初，某厂（甲方）业主与劳动者葛某（乙方）双方签订《承包半成品成品协议书》。协议签订后，葛某就找来毛某夫妇等几十名工人。由葛某安排每个人的工种及每个工种工资的价格和计算方法。账也由葛某与某厂结算，然后再由葛某分别与工人结算。2006年8月16日6时许，该厂传送带出现机械故障，操作工王某叫从事清理推运废品工作的毛某进行故障排除（当时主机未停机）。当故障排除后，王某在情况不明下，突然开动传送机，致使毛某右手被传送机皮带绞伤，经医院治疗并经法医鉴定为7级伤残。之后，毛某向劳动争议仲裁委员会提出仲裁申请。劳动争议仲裁委员会以毛某属于从事临时性工作且未订立劳动合同为由，做出不予受理的决定。毛某于是以葛某、某厂为被告，向人民法院提起诉讼，请求人民法院判令两被告共同赔偿原告因工受伤的医疗费、护理费、住院伙食补助费、交通费、一次性伤残赔偿金、原告的工资等共计67 959元，并承担后续治疗费用。

判决结果

人民法院审理后认为，该厂与葛某为经济承包合同关系，葛某与王某、毛某等人未订立劳动合同，双方之间是雇佣关系，本案应按人身损害赔偿纠纷处理。于是判决支持了葛某的诉讼请求。

评析

根据最高人民法院《民事案件案由规定（试行）》解释规定，人身损害赔偿纠纷有多种细分，其中第（七）项工伤事故损害赔偿纠纷规定，工伤是指在生产、工作或去往生产工作岗位上负伤、致残、死亡三种情况。构成工伤事故损害赔偿应具备以下要件：一是劳动者与企业存在劳动关系；二是劳动者的损害须在从事劳动过程中发生；三是劳动者要有损害；四是工伤事故与劳动者损害之间有因果关系。

随着市场经济的发展，各种经济组织、经济形式不断出现，各种劳动雇佣方式也随之出现。雇员与雇主的关系，实际上是一种契约和合同关系，雇员同意为雇主工作，并根据雇主的指示工作，从而换取工资及其他劳动报酬。而劳动合同不同于一般雇佣合同，它具有规范性、固定性等特征，具有政府干预性质，是一种特殊的社会性合同。由于经济形式的多样化，如果政府过于积极地管制或干涉雇佣关系，其危险是妨碍市场经济的运行和市场调节的作用。此外，口头承诺或以默许形式订立雇佣契约的情况在现实经济生活中也比较普遍，只要形成了连续性契约关系也应予以认可。

本案中，葛某与某厂的承包协议属于经济承包，即某厂把生产工序的部分或全部承包给了葛某。至于承包协议中有涉及管理责任的内容，并不影响经济承包的实质，况且市场经济条件下，用工形式的多样性和灵活性也决定了雇佣方式的多样性。至于葛某雇佣谁、雇佣多长时间、从事何种工种都由葛某决定，某厂只与葛某发生经济关系。本案中，被告某厂规模小，未与原告毛某签订劳动合同，也无经济上的往来，不具备事实劳动关系特征，只是一种临时性的雇佣关系。劳动争议仲裁委员会也以毛某从事临时性工作且未订立劳动合同为由决定不予受理。所谓雇佣关系，是指雇员从事雇主授权或者指示范围内的生产经营活动或者其他劳务活动，并且利用雇主提供的条件。其特点是相对稳定的、长期的合同关系，受雇主的意志支配和约束，双方存在监督与被监督和管理与被管理的关系。因此，原告毛某与被告葛某之间是雇佣关系，本案不能按工伤事故损害赔偿纠纷处理，而应按人身损害赔偿纠纷处理。

至于责任的承担，本案中，雇主葛某应对毛某的人身损害承担绝大部分民事赔偿责任，某厂作为发包方亦应对葛某的赔偿部分承担连带责任。毛某未经雇主及其他管理人员安排，擅自从事非本职危险性工作，对损害事故的发生也应承担一小部分民事责任。王某因其从事的是雇佣职务行为，因此不应承担责任。

案例六十六

一起劳动争议案件引发的两个法律问题值得思考

案情简介

2005年1月，曲某采取包工不包料的方式承包了某公司的建设工程，每项工程待公司验收合格后将款划给曲某，再由曲某按工日并扣除5%的费用后发放到每个农民工手中，日工资为29.7元。曲某所组建的施工队已有几年时间，施工队人员经常保持在十几人以上。既无营业执照，又未依法登记。马某是曲某施工队中的一员，2005年2月1日在拆除一栋旧厂房时不小心从房顶摔下来受了伤。之后，劳动和社会保障行政部门认定马某受到的伤害属于工伤，曲某在法定期限内未申请行政复议。劳动能力鉴定委员会鉴定马某为伤残6级。马某申请劳动争议仲裁，要求曲某向其支付工伤待遇。劳动争议仲裁委员会审理后，裁决由曲某一次性赔偿马某各种损失共计72 455元，在曲某无能力赔偿时，由某公司承担连带责任。曲某对此不服，向人民法院提起诉讼。

判决结果

人民法院经审理，判决由原告曲某负责赔偿被告马某的各项损失共计82 351.45元，某公司对原告曲某承担的上述赔偿款负连带责任。一审判决后，原告曲某不服，向中级人民法院提起了上诉。二审法院审理后，判决由原告曲某负责赔偿被告马某的各项损失共计82 351.45元，某公司在47 988.75元范围内对马某承担责任。

评析

本案有两个焦点问题：

一是本案纠纷的法律性质问题。原告方提出本案应属人身损害赔偿而非工伤事故损害赔偿。人民法院经审理认为，原告曲某组建的施工队已有几年时间，施工队人员经常保持在十几人以上，被告马某从施工队组建时已在该施工队工作，接受曲某的领导，听从曲某的安排，服从其管理，从而获取劳动报酬，已经形成了事实上的劳动关系；被告的伤害发生在原告曲某承包的建筑工地上，系工作时间内形成的急性伤害，符合工伤认定的时间、空间、职务特征，且马某受伤后选择工伤赔偿救济途径，劳动和社会保障行政部门认定马某所受伤害为工伤，曲某在法定期限内未申请行政复议或提起行政诉讼，应视其已认可该工伤认定决定，因此本案应定性为工伤事故损害赔偿。一、二审人民法院对此认定一致。

二是法律适用问题。①对原告曲某的法律适用问题。《工伤保险条例》第六十六条规定,"无营业执照或者未经依法登记、备案的单位以及被依法吊销营业执照或者撤销登记、备案的单位的职工受到事故伤害或者患职业病的,由该单位向伤残职工或者死亡职工的直系亲属给予一次性赔偿,赔偿标准不得低于本条例规定的工伤保险待遇;用人单位不得使用童工,用人单位使用童工造成童工伤残、死亡的,由该单位向童工或者童工的近亲属给予一次性赔偿,赔偿标准不得低于本条例规定的工伤保险待遇"。第二款"就赔偿数额与单位发生争议的,按照处理劳动争议的有关规定处理"的规定,曲某所组建的施工队是未依法登记的单位。据此,对原告曲某应适用《非法用工单位伤亡人员一次性赔偿办法》。一、二审人民法院对此意见一致。②对原告某公司的法律适用问题。一审人民法院认为,根据《安全生产法》第二条规定,"在中华人民共和国领域内从事生产经营活动的单位(以下统称"生产经营单位")的安全生产,适用本法;有关法律、行政法规对消防安全和道路交通安全、铁路交通安全、水上交通安全、民用航空安全另有规定的,适用其规定"。建筑安全未作特别规定,应当适用该法。根据该法第八十六条"生产经营单位将生产经营项目、场所、设备发包或者出租给不具备安全生产条件或者相应资质的单位或者个人的,……导致发生生产安全事故给他人造成损害的,与承包方、承租方承担连带赔偿责任"的规定,判决原告某公司对原告曲某承担赔偿负连带责任。二审人民法院认为,《安全生产法》第八十六条的规定不适用于劳动争议案件。某公司未直接与劳动者建立劳动关系,在工伤认定的过程中,也未作为当事人参与工伤认定,《职工工伤认定决定》也没有赋予某公司申请复议和提起行政诉讼的权利,对于工伤认定的过程和结果某公司处于完全被动承受的地位。《劳动法》、《工伤保险条例》均未规定应由发包方承担用工主体责任,而且工伤事故一次性赔偿的结果与基于雇员人身损害赔偿对于损失的计算存在较大的差距,因此一审人民法院根据上述法律法规判决由某公司对曲某所承担的工伤事故负连带赔偿责任有失公平。

原劳动和社会保障部《关于确立劳动关系有关事项的通知》(劳社部发〔2005〕12号)第四条"建筑施工、矿山企业等用人单位将工程(业务)或经营权发包给不具备用工主体资格的组织或自然人,对该组织或自然人招用的劳动者，由具备用工主体资格的发包方承担用工主体责任"。因事故发生在 2005 年 2 月 1 日，而该通知于 2005 年 2 月 15 日下发，应不具溯及既往的效力，某公司在本案中不应承担用工主体的责任。为避免诉累及保护被告的利益，可考虑由某公司按照雇员损害赔偿的相关规定承担发包人的责任。某公司作为发包人，对承包人曲某的资质和安全生产条件审查不严，将工程发包给了曲某，按照《最高人民法院关于审理人身损害赔偿案件适用法律若干问题的解释》第十一条第二款的规定，应对马某损害结果承担连带赔偿责任。但该责任的承担不能按照《工伤保险条例》来计算，而是适用《最高人民法院关于审理人身损害赔偿案件适用法律若干问题的解释》第十七条第一和二款、第十九条、第二十条、第二十一条、第二十三条、第二十五条的规定来确定其责任和损失。据此，二审人民法院认为一审人民法院部分适用法律不当，改判原告某公司在 47 988.75 元范围内对唐某承担责任。

案例六十七

劳动者追讨两倍工资和经济补偿金是否受仲裁时效的限制

案情简介

左某丁 2006 年 3 月 8 日受聘到某公司工作，双方签订了两年期限的劳动合同。劳动合同期满后，双方未续签劳动合同，但左某仍在该公司工作。2008 年 7 月 6 日，左某在上班过程中发生事故致使右手无名指受伤，到当地医院进行了治疗，经处理包扎后离开，治疗费由公司支付。因左某伤势较轻，也没有向公司请假休息。两个月后，公司要求左某继续来公司上班，但左某一直以伤病为由未来上班。2008 年 9 月 21 日，公司以左某没有向公司请假，也无医院建议休息证明，而且违反了公司有关规章制度为由，做出与左某解除劳动合同的决定。左某于 9 月 23 日收到解除劳动合同的通知后,并未提出异议。2009年5月,左某向劳动保障行政部门申请工伤认定,2009年11月被认定为工伤并被劳动能力鉴定委员会鉴定为伤残10级。2010年4月,左某向劳动争议仲裁委员会提出仲裁申请,要求该公司给付工伤保险待遇以及支付2008年3月至2008年9月未签订书面劳动合同的两倍工资和解除劳动合同的经济补偿金。

仲裁结果

劳动争议仲裁委员会受理后,依法组成仲裁庭进行了审理。庭审时,公司辩称,同意按照国家相关法律法规规定给付工伤保险待遇。但认为双方劳动合同已于2008年9月21日解除。左某要求公司支付两倍工资及解除劳动合同的经济补偿金已经超过法定仲裁时效,请求劳动争议仲裁委员会依法驳回左某这项申诉请求。劳动争议仲裁委员会审理后,支持了左某要求支付工伤保险待遇的仲裁请求。但驳回其要求公司支付两倍工资和经济补偿金的仲裁请求。

评析

本案在审理过程中有两种不同意见。第一种意见认为,根据《劳动争议调解仲裁法》第二十七条第三款"劳动关系存续期间因拖欠劳动报酬发生的争议,劳动者申请仲裁不受本条第一款规定的仲裁时效期间的限制;但是,劳动关系终止的,应当自劳动关系终止之日起一年内提出"的规定,即不受仲裁时效1年的限制,理由是两倍工资和经济补偿金也属劳动报酬范畴,而且在工伤事故中,用人单位不得解除劳动合同。因此,公司应当承担未签订书面劳动合同和未支付经济补偿金的法律责任,应支付两倍工资和经济补偿金。第二种意见认为,《劳动争议调解仲裁法》第二十七条第三款规定是指因用人单位拖欠劳动报酬而发生的争议,不受仲裁时效一年的限制。劳动报酬是劳动者因劳动而获取的工资性收入,而没有签订书面劳动合同支付两倍工资和支付经济补偿金的规定,在《劳动合同法》中,是属于对用人单位没有签订书面劳动合同的罚则和解除劳动合同或事实劳动关系的一种经济补偿,而不是劳动报酬。因此,两倍工资及经济补偿金应受劳动争议仲裁1年时效的限制。

劳动争议仲裁委员会经过讨论，采纳了第二种意见。左某对于没有签订书面劳动合同的事实是清楚的，双方签订的劳动合同于2008年3月期满，自2008年3月起没有签订书面劳动合同就已经侵害了其劳动权益，所以其时效应当自2008年3月起计算。对于解除劳动合同经济补偿金，虽然左某受伤属于工伤，而且在工伤事故处理期间，双方已于2008年9月21日解除了劳动合同，且左某也认可。因此，自2008年9月23日左某收到解除劳动合同通知后其权益就受到了侵害，其时效也应当自2008年9月23日起计算。而左某2010年4月申请劳动争议仲裁，已经超过时效1年之多，因此，公司不应承担支付两倍工资和经济补偿金的法律责任。

案例六十八

工伤保险待遇能不能"继承"

案情简介

2008年6月，辛某到某公司承建的工地打工。2008年10月，辛某在工作中受伤。2008年11月，辛某及其家属与该公司达成《工伤事故了结协议书》，公司赔偿辛某35 000元。2009年6月，辛某向劳动争议仲裁委员会提出仲裁申请，请求确认自己与该公司之间存在劳动关系。2009年9月，劳动争议仲裁委员会审理后，裁决确认双方之间存在劳动关系。之后，辛某提出工伤认定申请，2009年11月，劳动保障行政部门做出了辛某属于工伤的认定决定。2010年3月底，辛某被劳动能力鉴定委员会鉴定为伤残6级。2010年5月13日，辛某再次向劳动争议仲裁委员会提出仲裁申请，要求公司依法向其支付工伤保险待遇。劳动争议仲裁委员会在审理期间，辛某同时向所在地的人民法院提起诉讼，要求撤销其与该公司签订的《工伤事故了解协议书》。劳动争议仲裁委员会随之终止了案件的审理。

2010年9月,人民法院做出判决,撤销了双方签订的《工伤事故了结协议书》。该公司不服判决,向中级人民法院提起上诉。2011年1月,辛某因病死亡。2011年2月,中级人民法院作出终审判决,维持了一审原判。2011年3月,辛某的配偶和女儿提出书面申请,请求劳动争议仲裁委员会恢复劳动争议仲裁,并请求继承辛某依法应当享受的工伤保险待遇。

仲裁结果

针对辛某的特殊情况,劳动争议仲裁委员会本着以人为本的精神,反复做用人单位的工作,最终单位同意支付10 000元,双方达成和解。

评析

在案件处理中存在两种意见。一种意见认为,辛某虽然已经死亡,但其生前应当享受的工伤保险待遇仍应由该公司承担。其主要理由是,从时间上看,2010年3月劳动能力鉴定委员会作出伤残鉴定结果后,该公司就应当依法支付辛某各项工伤保险待遇。另一种意见认为,因为辛某已经死亡,其相应的民事权利能力也随之消亡,而工伤保险待遇是辛某生前的民事权利,其配偶和女儿不能继承,本案应当裁决驳回。

大多数劳动仲裁员同意第二种意见,理由如下:

第一,从程序上分析,劳动争议仲裁委员会恢复案件审理没有法律障碍。《劳动争议调解仲裁法》第二十五条规定,"丧失或者部分丧失民事行为能力的劳动者,由其法定代理人代为参加仲裁活动;无法定代理人的,由劳动争议仲裁委员会为其指定代理人。劳动者死亡的,由其近亲属和代理人参加仲裁活动"。对于终止诉讼的情形,《民事诉讼法》第一百三十六条第(一)项规定,"一方当事人死亡,需要等待继承人表明是否参加诉讼"。因此,当辛某的配偶和女儿共同表示愿意参加仲裁活动后,本案恢复审理没有问题。

第二,辛某的配偶和女儿参加仲裁的法律身份是什么?她们究竟应该享受何种权利以及履行何种义务?根据《民法通则》,我国年满18周岁的正常公民,享有民事权利能力、民事诉讼权利能力、民事行为能力、民事诉讼行为能力。本案中，由于辛某因病死亡，意味着其民事权利能力、民事诉讼权利能力、民事行为能力以及民事诉讼行为能力均已丧失，但因为其生前尚有一项仲裁（或诉讼）活动未终结，那么法律规定，其近亲属可以参加仲裁或诉讼活动。辛某的配偶和女儿参加仲裁活动，其所能够代表的仅仅是辛某的民事诉讼行为能力。

第三，从实体法律法规层面分析，辛某的配偶和女儿究竟能不能继承辛某生前尚未享受的工伤保险待遇？继承制度是规定死者生前的财产如何转移给他人的法律制度。根据《继承法》和其他有关法律规定，遗产具有以下法律特征，遗产是指公民死亡时遗留的财产；遗产是公民遗留的财产（不能继承身份）；遗产是公民死亡时尚有的财产。由此看来，辛某生前应当得到而实际并未得到的工伤保险待遇很明显不属于遗产的范畴，继承之说不能成立。工伤保险立法的目的就是最大限度地保护受到事故伤害的职工。辛某的配偶和女儿很显然没有受到事故伤害，她们并不能成为受益主体。

案例六十九

用人单位终止劳动合同是否应当支付经济补偿金

案情简介

李某于2010年8月进入某公司工作，担任公司销售员，双方签订了期限为一年的劳动合同。双方在劳动合同中约定，李某的月工资为2 000元，并按月销售量计发奖金。至2011年7月上旬，公司书面通知李某，由于公司销售经营策略重点将转移到另外一个地方，因此，如果李某在劳动合同到期后仍然想与公司续签劳动合同，则必须到另外一个地方工作，并且月工资调至1 500元，奖金提成制度不变。考虑到路途遥远并且月工资减少，李某表示不再续订劳动合同。于是，在劳动合同期满后，公司为李某出具了终止劳动合同证明书，但拒绝了李某要求公司支付经济补偿金的要求。双方为此发生了争议。于是，李某向劳动争议仲裁委员会提出仲裁申请。

仲裁结果

劳动争议仲裁委员会受理后，经审理，裁决支持了李某的仲裁请求。

评析

《劳动合同法》第四十六条第（五）项规定，"除用人单位维持或者提高劳动合同约定条件续订劳动合同，劳动者不同意续订的情形外，依照本法第四十四条第（一）项规定终止固定期限劳动合同的"。按照《劳动合同法》的这一规定，只有在用人单位维持或者提高劳动合同约定的条件下提出续订劳动合同，而劳动者不同意续订时，用人单位无须向劳动者支付经济补偿金。

李某的劳动合同到期后，公司尽管同意续订劳动合同，但是却降低了其原有的工资待遇，同时，工作地点也发生了变化，并不属于"用人单位维持或者提高劳动合同约定条件"。因此，尽管李某表示不愿意续订劳动合同，公司仍然需要依据《劳动合同法》第四十七条第一款"经济补偿按劳动者在本单位工作的年限，每满一年支付一个月工资的标准向劳动者支付"的规定，向李某支付1个月工资的经济补偿金。另外，在计算李某劳动合同终止前12个月的平均工资时，还应依据《劳动合同法实施条例》第二十七条的规定，将奖金等其他货币性收入包括其中。

案例七十

用人单位没有缴纳社会保险费，劳动者可以随时解除劳动合同吗

案情简介

张某于2009年年初进入某公司工作，双方签订了无固定期限劳动合同。2009年12月1日，张某口头向公司提出辞职。2009年12月30日，公司书面通知张某，不同意其提出的口头辞职申请，要求张某近期上岗。2010年1月8日，张某书面向公司提出解除劳动合同，理由为公司未为其参加社会保险，未缴纳社会保险费，违反了《劳动合同法》第三十八条第（三）项的规定。2010年1月21日，公司再次表示不同意张某提出的解除劳动合同要求。2010年2月2日，张某向劳动争议仲裁委员会提出仲裁申请，要求解除双方之间的劳动合同，并要求公司依法为其参加社会保险、补缴社会保险费，并依法向其支付经济补偿金等。劳动争议仲裁委员会经审理，裁决支持了张某的仲裁请求。该公司不服，向人民法院提起诉讼。

判决结果

人民法院经审理，依照《劳动法》、《劳动合同法》等规定，判决该公司与张某之间的劳动合同于判决生效之日起解除；该公司于判决生效之日起10日内支付张某解除劳动合同的经济补偿1 140元；15日内为张某出具解除劳动合同证明，并为其办理人事档案和社会保险关系转移手续。

评析

审理过程中，人民法院要求公司提供已为张某参加社会保险、缴纳社会保险费的证据，但是该公司在规定的限期内未提交。

人民法院审理后认为，《劳动合同法》第三十八条规定，用人单位未

依法为劳动者缴纳社会保险费的，劳动者可以解除劳动合同。第四十六条规定，劳动者依据本法第三十八条解除劳动合同的，用人单位应向劳动者支付经济补偿。第四十七条规定，"经济补偿按劳动者在本单位工作的年限，每满一年支付一个月工资的标准向劳动者支付。6个月以上不满一年的，按一年计算，不满六个月的，向劳动者支付半个月工资的经济补偿"。第五十条规定，"用人单位应当在解除或者终止劳动合同时出具解除或终止劳动合同证明，并在15日内为劳动者办理人事档案和社会保险关系转移手续"。本案中，公司未向法院提交已为张某参加社会保险、缴纳社会保险费的证据，应认定公司存在欠缴张某社会保险费的行为。张某据此要求与该公司解除劳动合同，并要求该公司支付1个半月的经济补偿1 140元，于法有据。张某要求公司为其出具解除劳动合同证明书，并办理人事档案转移和社会保险关系转移手续，理由正当，应当得到支持。

张某要求该公司为其补缴社会保险费的诉讼请求，不属于人民法院受理民事案件的范围。并告知张某应当先行向劳动争议仲裁委员会提出仲裁申请。

案例七十一

用人单位应当承担疏于管理的不利后果

案情简介

赛某是某公司职工。2009年4月赛某在工作时受伤，出院后回家养伤。之后，赛某被劳动和社会保障行政部门认定为工伤。至2010年4月，赛某经过二次手术取出钢板，并经劳动能力鉴定委员会鉴定为伤残7级。2010年8月，双方协商支付工伤待遇时，对一次性伤残医疗补助金、一次性伤残就业补助金支付金额发生争议。赛某认为应以2010年公布的统筹地区上年度职工月平均工资（当地为2 401元）作为基数计算；公司则认为，赛某的工伤发生在2009年4月，自此以后，赛某一直未到公司工作，应视作自动离职，现在计算工伤待遇应以2009年的数据（当时为1 570元）为准。双方协商未果，赛某向劳动争议仲裁委员会提出仲裁申请。

仲裁结果

劳动争议仲裁委员会审理后，依据《工伤保险条例》等法律规定，裁决该公司按照2010年公布的数据作为计算基数，依法向赛某支付一次性伤残医疗补助金和一次性伤残就业补助金。

评析

双方争议的焦点是工伤赔偿时，当用人单位主张双方早已解除劳动关系，而劳动者则主张劳动关系仍然存在时，应当以谁为主？

《工伤保险条例》第三十七条规定，职工因工致残被鉴定为7～10级伤残的，劳动合同期满终止，或者职工本人提出解除劳动合同的，由用人单位支付一次性医疗补助金和一次性伤残就业补助金。具体标准由省、自治区、直辖市人民政府规定。由于工伤赔偿规定程序较多，维权时限较长，用人单位和劳动者在协商工伤待遇赔偿时往往做有利于自己的计算、解释，致使赔偿数额差距较大。因此，关键要看用人单位与劳动者何时解除劳动关系。

《劳动合同法》第五十条规定，"用人单位应当在解除或终止劳动合同时出具解除或终止劳动合同的证明"。《最高人民法院关于审理劳动争议案件适用法律若干问题的解释（二）》第一条第（二）项规定，"因解除或者终止劳动关系产生的争议，用人单位不能证明劳动者收到解除或者终止劳动关系书面通知时间的，劳动者主张权利之日为劳动争议发生之日"。

本案中，用人单位对是否解除劳动关系承担举证责任，并应遵循严格的要式条件，即用人单位应给劳动者出具书面解除劳动关系证明，并告知劳动者。本案中，赛某受伤后离开工作岗位，公司疏于管理，怠于行使权利，没有双方协商解除劳动关系的有效证据，责在公司，应视为公司已经认可、同意赛某的行为，双方的劳动关系依然延续，公司应当承担举证不能的不利后果。因此,在计算工伤待遇时应当按照 2010 年当地公布的有关数据标准进行计算。

案例七十二

用人单位有权决定劳动者加班吗

案情简介

黑某是某公司职工。2002 年 3 月 7 日公司车间机械发生故障,影响生产,急需抢修。车间主任要求职工加班抢修,大家蜂拥而上,但是,黑某则以家住得较远、小孩需要照顾为由而不参加抢修。因黑某是公司的技术骨干而未参加抢修,致使抢修工作受到影响。后来,经车间主任了解,黑某的家距公司骑车仅有 20 分钟的路程;黑某的小孩虽然只有 8 岁,但由其岳母照顾小孩上学。公司据此召开会议,决定给予黑某警告处分,并扣除其当月奖金,公司工会主席签署意见表示同意。黑某接到该处分决定后表示不服,认为公司安排职工加班加点进行抢修未与工会和劳动者协商,属于公司擅自决定加班加点,因而公司对其作出警告处分和扣除当月奖金的决定是错误的。于是,黑某向劳动争议仲裁委员会提出仲裁申请,请求劳动争议仲裁委员会裁决撤销公司对其作出的给予警告处分和扣除当月奖金的决定。

仲裁结果

劳动争议仲裁委员会审理后,裁决驳回了黑某的仲裁请求。

评析

劳动争议仲裁审理中,黑某认为自己不参加抢修是有合理原因的,而且抢修属于延长工作时间,应该征得工会和其本人的同意。公司则认为,抢修不受延长工作时间的有关规定的限制,并且黑某提出的理由并不合理。

《劳动法》第四十一条规定,"用人单位由于生产经营需要,经与工会和劳动者协商后可以延长工作时间,一般每日不得超过 1 小时;因特殊原因需要延长工作时间的,在保障劳动者身体健康的条件下延长工作时间每日不超过 3 小时,但是每月不超过 36 小时。"同时,第四十二条规定,"有下列情形之一的,延长工作时间不受本法第四十一条的限制:(一)发生自然灾害、事故或者其他原因,威胁劳动者生命健康和财产安全,需要紧急处理的;(二)生产设备、交通运输线路、公共设施发生故障,影响生产和公共利益,必须及时抢修的;(三)法律、行政法规规定的其他情形"。由此可见,在一般情况下,用人单位经与工会和劳动者协商一致后,可以加班加点;在特殊情况下,如具有《劳动法》第四十二条规定的情形,用人单位可以不与工会和劳动者进行协商,有权决定延长工作时间。本案中,公司车间的机械发生故障,车间主任有权决定加班加点进行抢修,不与工会和劳动者协商并不违反法律法规的规定。

案例七十三

福利性年假与法定年休假是一回事吗

案情简介

廖某是某公司的职工,在双方签订的劳动合同中,约定廖某每月工资 8 775 元,休假制度按照《全国节假日纪念日放假办法》、《职工带薪年休假条例》执行,并将公司《休假管理制度》作为劳动合同的附件。公司制度规定,"公司执行国家《职工带薪年休假条例》。同时,职工入职公司后,可享受两天带薪福利性休假,以此类推,职工享受此类带薪假的最高天数为 10 天,且此类休假必须在当年 12 月 31 日前休完,如果因单位原因致使职工应休未休,单位将给予适当奖励"。2009 年 11 月 9 日,公司因廖某严重违纪与其解除劳动合同。此前廖某累计工作年限 13 年,按照2009年廖某已工作的时间折算，廖某当年应休国家法定带薪年休假8天，其实际已休法定年假9.5天。工时工资表显示该公司支付了廖某2009年11月全月工资6 187.42元，其中除了11月1日至9日这6天工资1 706.87元外，其余4 480.55元为2009年廖某未休福利带薪年休假奖励。

离开公司后，廖某向劳动争议仲裁委员会提出仲裁申请，请求按照职工应休未休假天数，单位应按照其正常工作时间的工资收入的300%支付年休假工资报酬的规定，支付2009年未休法定年假工资报酬；支付2009年未休的10天单位福利假工资12 379元。

仲裁结果

劳动争议仲裁委员会受理后，经审理，作出驳回廖某的仲裁请求的裁决。

评析

根据《职工带薪年休假条例》第二条、第三条、第五条和《企业职工带薪年休假实施办法》第十条、第十一条的规定，机关、团体、企业等单位的职工连续工作一年以上的，享受带薪年假；累计工作已满10年不满20年的，年休假10天；单位确因工作需要不能安排职工年休假的，对职工应休未休假天数，单位应该按照职工正常工作时间的工资收入的300%支付年休假工资报酬，其中包含用人单位支付职工正常工作期间的工资收入。

本案中，廖某累计工作年限为13年，也就是说，其2009年全年应享受10天带薪年休假。但双方在2009年11月9日解除劳动合同后，按廖某当年已工作的时间折算应休未休年假天数为8天，由于公司已在2009年度安排廖某带薪休假9.5天，高于法定天数。所以不存在继续按照《职工带薪年休假条例》及《企业职工带薪年休假实施办法》休年休假、支付未休年假工资的问题。

对于未休福利性年假的补偿，根据该公司《休假管理制度》规定，因单位原因致使职工未休的，公司将给予适当奖励，鉴于该公司已经支付廖某 2009 年 11 月全月工资，其中包含了当年廖某未休福利带薪年休假奖励 4 000 余元，未违反双方约定，因此，劳动争议仲裁委员会裁决对其两项请求予以驳回。

案例七十四

报销款项是否属于工资收入范畴

案情简介

蔡某于 2009 年 1 月 1 日与某公司签订了无固定期限劳动合同，并约定蔡某的工作岗位为销售代表，工作地点在 A 市，月工资待遇为基本工资 1 200 元加补贴工资 2 000 元再加销售提成。2010 年 1 月起，公司单方面取消每月的补贴工资 2 000 元，2010 年 3 月底，公司在未与蔡某协商一致的情况下，将其工作地点变更至 B 市。2010 年 4 月 21 日公司以蔡某自 2010 年 4 月 2 日起未到 B 市工作，连续旷工为由解除了与蔡某的劳动合同。于是，蔡某向劳动争议仲裁委员会提出仲裁申请，要求公司以包括被取消的补贴工资在内的平均工资为基数，支付违法解除劳动合同的赔偿金；支付 2010 年 1 月至 2010 年 4 月 21 日扣发的补贴工资 8 000 元及 25% 的经济补偿金 2 000 元。

公司辩称，蔡某每月的补贴工资 2 000 元收入是需要蔡某凭票据报销的差旅费和通讯费，2010 年后，蔡某未提供相关报销凭证，故未发放；公司行使用工自主权对蔡某工作岗位进行调整，蔡某不到新岗位工作构成了旷工，已经严重违反了公司规章制度，属于蔡某的主观过错导致劳动合同解除的情形，公司并不存在违法解除劳动合同的事实，所以公司不同意支付赔偿金，如果确需支付，蔡某每月的 2 000 元收入也不应计算到其工资性收入中作为赔偿金的计算数额之一。

仲裁结果

劳动争议仲裁委员会审理后认为，蔡某与公司签订的劳动合同是双方真实意思表示，双方当事人的合法权益均应受到法律保护。公司调换蔡某的工作地点，属于变更双方劳动合同内容，理应征求劳动者的意见，充分进行协商，而公司在没有与蔡某协商一致的前提下单方面调换其工作岗位，并以蔡某未到新的工作岗位报到上班构成旷工为由，与其解除劳动合同，属于违法解除劳动关系，所以对蔡某主张的赔偿金予以支持。

关于扣发的补贴工资问题，因公司称是蔡某没有提供票据予以报销，而对票据的种类及经手人并没有任何要求，也即蔡某可以随便提供发票就能享受这2 000元补贴工资，所以该补贴工资属于蔡某每月的固定收入，应属于工资范畴，公司扣发其补贴工资的行为违反了《工资支付暂行规定》。所以，劳动争议仲裁委员会裁决应予以支持，对于扣发工资数额25%的额外经济补偿金没有法律依据，裁决不予支持。

评析

第一，公司单方面调整蔡某工作岗位并以申诉人不到新岗位为由解除劳动关系是否合法？《劳动合同法》第三十五条和第四十条规定，用人单位依法调整劳动者的工作岗位的情况只有四种，即一是双方协商一致调岗；二是劳动者患病或者非因工负伤，在规定的医疗期满后不能从事原工作调岗；三是劳动者不能胜任工作调岗；四是劳动合同订立时所依据的客观情况发生重大变化调岗。本案中，双方未能就变更工作岗位达成一致意见，劳动者也不符合《劳动合同法》第四十条规定的可以调岗的情形，用人单位调岗后，即以劳动者未到新岗位报到属于旷工为由，与其解除劳动合同，属违法解除劳动关系，应当向劳动者支付违法解除劳动关系的赔偿金。

第二，申诉人每月2 000元是否属于工资范畴？能否将该收入计入经济补偿金计算基数？《关于贯彻执行〈中华人民共和国劳动法〉若干问题的意见》第五十三条规定，"劳动法中的'工资'是指用人单位依据国家有关规定或劳动合同的约定，以货币形式直接支付给本单位劳动者的劳动报酬,一般包括计时工资、计件工资、奖金、津贴和补贴、延长工作时间的工资报酬以及特殊情况下支付的工资等"。本案中,双方在劳动合同中约定了2 000元作为补贴工资发放,且蔡某每月都可以凭任何人的吃饭、交通、住宿的发票领取2 000元,可以认定,该报销款并不是真正的出差报销款项,而是用人单位为了逃避税收等监管而给劳动者发放的工资,只是这种工资变化了一种形式,以报销款项的名义出现。在计算劳动者的工资构成时,应当将其列为劳动者的正常工资收入,在计算劳动者离职前12个月平均工资时,应当作为工资构成,算入经济补偿金的计算基数。如果劳动争议仲裁委员会裁决该报销款项为劳动者的非工资收入,不符合客观事实,可能还会鼓励更多用人单位在向劳动者发放工资时要求劳动者用发票换取。

案例七十五

职工遭受车祸身亡,法院能否判决家属获双重赔偿

案情简介

庞某是某公司职工。2010年6月5日,庞某在下班途中,开着摩托车与某公司许某驾驶的货车相撞,导致庞某死亡,公安交警部门经调查,认为对该事故责任无法做出认定。2010年7月10日,庞某的母亲和儿子向人民法院提起人身损害赔偿诉讼。人民法院认为,双方均为机动车,在事故中均有违法行为,应当按照同等责任处理。据了解,这辆货车比较特殊,办了两个机动车交通事故责任强制保险(以下简称"交强险"),前面牵引车一个、后面挂车一个,最高赔付限额是24.4万元。人民法院判决保险公司在交强险范围内赔付22万元,某公司赔偿107 129元。

2010年9月,劳动保障行政部门作出庞某为工亡的认定。之后,庞某的母亲又向劳动争议仲裁委员会提出仲裁申请,要求用人单位支付庞某的工亡待遇。2011年3月3日,劳动争议仲裁委员会经过审理做出裁决,

要求庞某所在单位向庞某的母亲和儿子支付丧葬补助金、工亡补助金共计157 121元,并自2010年7月起按月支付庞某供养亲属抚恤金每月135.4元。

庞某所在单位不服仲裁裁决,于2011年3月16日向人民法院提起诉讼,认为庞某不属于工亡,即使属于工亡,其死亡损失已经在交通事故中得到赔偿,请求人民法院依法撤销劳动争议仲裁委员会作出的裁决。

判决结果

人民法院审理后认为,庞某在上下班途中发生交通事故死亡,已被认定为工亡,庞某所在单位应当承担工伤赔偿责任。工伤赔偿是基于用人单位与劳动者的劳动关系而产生的特殊侵权损害赔偿制度。人身损害赔偿是一般侵权损害赔偿,两者不存在冲突。庞某所在单位主张庞某家属不能获得双重赔偿的理由,没有法律依据。于是,人民法院判决庞某所在单位向其亲属支付丧葬补助金、工亡赔偿金共计157 121元,并自2010年7月起每月支付庞某供养亲属抚恤金135.4元。

评析

该案的判决结果意味着庞某家属获得了双重赔偿。

《工伤保险条例》第十四条规定,"职工有下列情形之一的,应当认定为工伤:(一)在工作时间和工作场所,因工作原因受到事故伤害的;(二)工作时间前后在工作场所内,从事与工作有关的预备性或者收尾性工作受到事故伤害的;(三)在工作时间和工作场所内,因履行工作职责受到暴力等意外伤害的;(四)患职业病的;(五)因工外出期间,由于工作原因受到伤害或者发生事故下落不明的;(六)在上下班途中,受到非本人主要责任的交通事故或者城市轨道交通、客运轮渡、火车事故伤害的;(七)法律、行政法规规定应当认定为工伤的其他情形"。《工伤保险条例》明确规定了在上下班途中受到机动车事故伤害的,应当认定为工伤。

《最高人民法院关于审理人身损害赔偿案件适用法律若干问题的解释》(法释〔2003〕20号)第十二条规定,"依法应当参加工伤保险统筹的用人单位的劳动者，因工伤事故遭受人身损害，劳动者或者其近亲属向人民法院起诉请求用人单位承担民事赔偿责任的，告知其按《工伤保险条例》的规定处理。因用人单位以外的第三人侵权造成劳动者人身损害的，本人或近亲属请求第三人承担民事赔偿，法院应予支持"。这意味着工伤与第三人侵权发生重合时，劳动者可以依据法律规定获得双重赔偿。

案例七十六

劳动者能否同时享受赔偿金与1个月额外工资的补偿

案情简介

武某自2011年2月1日起在某公司工作，双方签订了为期3年的劳动合同，并约定武某工作岗位为总经理助理，月薪5 000元。公司规章制度规定，职工多次迟到早退属于不能胜任工作的情形之一。2011年8月2日，公司以武某多次上班迟到早退，不能胜任总经理助理的工作为由，调整武某到公司办公室，担任公司管理人员，但是遭到了武某的拒绝，公司于是解除了与武某的劳动合同。

武某不服，向劳动争议仲裁委员会提出仲裁申请，要求公司支付违法解除劳动合同的赔偿金10 000元，并以公司未提前30日以书面形式通知就解除劳动合同为由，要求公司额外支付其一个月工资5 000元。

仲裁结果

劳动争议仲裁委员会审理后，裁决支持了武某要求公司支付解除劳动合同的赔偿金10 000元的仲裁请求，驳回了武某的其他请求。

评析

多次上班迟到早退是否属于不能胜任工作的情形？《最高人民法院关于审理劳动争议案件适用法律若干问题的解释》第十九条规定，"用人单位根据《劳动法》第四条规定,通过民主程序制定的规章制度,不违反国家法律、行政法规及政策规定,并已向劳动者公示的,可以作为人民法院审理劳动争议案件的依据"。可见规章制度认定有效,既要合法又要合理。本案中,用人单位在规章制度中规定多次上班迟到早退属于不能胜任工作的情形,存在明显不合理性。多次上班迟到早退属于违纪行为,而不能胜任工作属于能力问题,两者并不存在逻辑联系,因此,劳动争议仲裁委员会认定该条款无效。既然该条款无效,那么公司依据该条款做出的调整岗位的决定也应当是无效的,武某拒绝调整岗位的理由成立,那么解除劳动合同的行为就属于违法解除了。因此,劳动者要求支付赔偿金的请求应予支持。

赔偿金与1个月额外工资的补偿是否应当同时支付?《劳动合同法》第四十条规定,劳动者不能胜任工作,经过培训或者调整工作岗位,仍不胜任工作的,用人单位应提前30日以书面形式通知劳动者本人或者额外支付劳动者1个月工资后,可以解除劳动合同。《劳动合同法》第四十六条规定,用人单位依照本法第四十条规定解除劳动合同的,应当向劳动者支付经济补偿金。

由此可以看出,额外支付1个月工资的前提是双方合法解除劳动合同。本案中,既然用人单位违法解除与劳动者的劳动合同,那么额外支付1个月工资的前提就不存在了。进一步讲,如果出现《劳动合同法》第四十条规定的解除情形,那么用人单位没有额外支付1个月工资,也没有提前30日通知劳动者就解除双方劳动合同,已经属于违法解除,那么应当支付赔偿金。再额外支付1个月工资,是要以认定合法解除劳动合同为前提。如果同时支付,显然是个悖论。

案例七十七

工伤认定是劳动争议仲裁委员会裁决先予执行工伤医疗费的首要条件

案情简介

2007年11月，申诉人张某到被申诉人某厂工作，双方签订了1年期限的劳动合同。2008年8月27日，张某在工作时，车间产品突然发生爆炸，将其炸伤。被申诉人将张某送往医院并垫付了4 000元医疗费，之后便不管不问。由于张某全身烧伤面积达29%，依病情急需进行植皮治疗，而张某无力承担高额的医疗费，遂向劳动争议仲裁委员会提出仲裁申请，请求劳动争议仲裁委员会依法裁决用人单位先行支付医疗费20 000元。用人单位答辩理由为工伤认定是支付工伤医疗费的前置程序。根据《工伤保险条例》的规定，工伤认定是劳动保障行政部门的职责，在张某没有经过工伤认定程序，劳动保障行政部门对张某没有做出工伤认定和劳动能力鉴定委员会没有进行劳动能力鉴定的情况下，劳动争议仲裁委员会不能裁决先予执行工伤医疗费。为此，用人单位拒绝进行调解和支付医疗费。

仲裁结果

劳动争议仲裁委员会审理查明，被申诉人对申诉人的劳动关系和在工作中发生的事故伤害没有异议。也就是说双方的权利义务明确，如不及时裁决先予执行，将严重影响申诉人的治疗和生活。劳动争议仲裁委员会根据《劳动争议调解仲裁法》第四十四条的规定，裁决被申诉人支付申诉人20 000元的医疗费。

评析

工伤认定是否为劳动争议仲裁委员会裁决本案先予执行工伤医疗费的

前提条件？根据《工伤保险条例》第五十四条"职工与用人单位发生工伤待遇方面的争议，按照处理劳动争议的有关规定处理"的规定，一般情况下，在劳动保障行政部门对受到事故伤害的职工工伤认定、劳动能力鉴定委员会对其伤残级别鉴定后，职工与用人单位发生工伤待遇方面的争议，按照处理劳动争议的有关规定处理。也就是说，落实工伤待遇的前提条件是要经过劳动保障行政部门作出工伤认定决定和劳动能力鉴定委员会作出劳动能力鉴定结论。但同时，《工伤保险条例》第一条规定，"为了保障因工作遭受事故伤害或者患职业病的职工的医疗救治和经济补偿，促进工伤预防和职业康复，分散用人单位的工伤风险，制定本条例"。从这一规定可以看出，工伤保险立法的本意首先是职工在受到事故伤害后及时获得医疗救治。结合本案"被申诉人在垫付了 4 000 元医疗费，之后便不管不问。由于张某全身烧伤面积达 29%，依病情急需进行植皮治疗，而张某无力承担高额的医疗费"的实际情况，完全符合劳办发〔1994〕391号和劳部发〔1996〕240 号文件关于"劳动争议部分裁决是对案件中急需处理的部分争议在终结裁决之前先行作出的裁决。适用于当事人之间权利义务关系明确，用人单位有履行履约能力，不作部分裁决将严重影响劳动者生活的情况"。《劳动争议调解仲裁法》第四十四条明确规定，对当事人之间权利义务关系明确，不先予执行将严重影响申诉人的生活的案件，可以裁定先予执行。本案中，如果按照正常的经过工伤认定和劳动能力鉴定程序后，再去落实工伤待遇，则很可能张某生命不保。先予裁决或部分裁决、先予执行制度的建立，体现了以人为本的理念。先予裁决或部分裁决、先予执行的权利人是弱势群体，其诉讼的标的，即医疗费用、工资的追索，是为了自身生存和生活急需，如果不能得到及时支付，权利人的伤病将得不到及时治疗，自身和养家糊口的费用没有保障，对其生命和生活都将构成严重威胁，更不利于和谐社会的构建。

如何执行先予执行的裁决？《劳动争议调解仲裁法》第四十四条第一款规定，"仲裁庭对追索劳动报酬、工伤医疗费、经济补偿或者赔偿金的案件，根据当事人的申请，可以裁决先予执行，移送人民法院执行"。

先予执行裁决何时生效？如果当事人对先予执行裁决不服怎么办？劳动部《关于用人单位不服部分裁决申请复议期限问题的复函》（劳部发

〔1996〕240号）规定，部分裁决一经作出，则立即生效并开始执行。企业不执行，职工可以向人民法院申请强制执行。企业不服部分裁决的，不得就部分裁决向人民法院起诉，但可以向原劳动争议仲裁委员会申请复议一次，复议期间不停止执行，超过15日的，当事人不得再申请复议。终结裁决已做出并送达，则当事人也不得再就部分裁决申请复议。如当事人不服终结裁决，可按有关规定向人民法院起诉。《劳动争议调解仲裁法》第四十四条第一款规定，"裁决先予执行，移送人民法院执行"。《劳动人事争议仲裁办案规则》第五十条也做出相同的规定。可以看出裁决先予执行，立即生效并开始执行。

目前，我国劳动争议仲裁中解决先予执行裁决的法律依据，一是劳动部办公厅《关于在劳动争议仲裁程序中能否使用部分裁决问题的复函》（劳部办发〔1994〕391号）；二是劳动部《关于用人单位不服部分裁决申请复议期限问题的复函》（劳部发〔1996〕240号）；三是《最高人民法院关于在劳动争议仲裁程序中能否适用先予执行的函》（1994年8月10日）；四是《劳动争议调解仲裁法》第四十四条的规定。

"部分裁决"规定较清楚的是劳动保障行政部门的规章，是准司法程序解释，而在层次较高的《劳动争议调解仲裁法》则没有对先予执行裁决不服该如何处理的规定。先予裁决或部分裁决的时效期间规定欠缺。先予裁决制度的设计就是为了解决急需解决的问题。要实现这一制度设计的目的，一是要有实体规定的保障，二是要有程序上的保证；否则，这一制度的设计就流于形式。在《劳动争议调解仲裁法》和《劳动人事争议仲裁办案规则》在先予裁决时效期间的设计上没有体现特事特办的原则。劳动争议仲裁制度设计的不足，阻碍了部分裁决、先予执行作用的发挥。一方面，对先予裁决或部分裁决、先予执行制度的设计，其立法本意是为了使劳动者的生活、生命能得到及时救助和救治；另一方面，在司法实践中，人民法院因劳动争议仲裁前置程序的原因，一般都不予受理劳动争议案件的先予执行申请。

案例七十八

托管经营管理中的劳动者与哪一方建立了劳动关系

案情简介

2011年5月30日,某公司与穆某签订了《委托经营管理协议书》。协议中约定,公司委托穆某经营管理产权归公司所有的商务会所。同时,穆某需为公司注入资金1000万元,用于招商等相关费用的投入。穆某对招商过程中及之后经营管理过程中所有财务收入、资金和对其注入的资金享有绝对管理权和监控权。公司同意营业中的所有收入优先偿还穆某注入的资金,并保证每年给予穆某管理等相关费用100万元。会所所有部门和经营管理人员均隶属于穆某领导。新进人员的聘用或解雇由穆某组织实施;除公司董事长和穆某外,会所所用人员的工资福利、社会保险等待遇均由公司负责,穆某不予承担。

2011年7月,陆某被穆某招至该商务会所工作,月工资1 200元,双方未签订书面劳动合同。陆某在该会所工作期间,成绩突出,得到了穆某的肯定,但未取得过报酬。2011年8月,会所的合作方产生争议,穆某撤出管理,陆某停止工作,但没有支付陆某的工资。陆某找到穆某讨要工资,穆某称陆某与其不存在劳动关系,拒绝支付陆某的工资。陆某经过多次追讨未果,向劳动争议仲裁委员会提出仲裁申请,请求劳动争议仲裁委员会裁决穆某给付其工资及其经济补偿金共计3 000元。

仲裁结果

劳动争议仲裁委员会受理后,经审理,认为陆某申诉主体错误,并向陆某耐心细致地释明法律,陆某撤回了劳动争议仲裁申请。在改变主体后,陆某重新提出仲裁申请。

评析

委托经营管理又称托管经营，即企业产权的所有者或其代表（下称"委托人"），通过签订契约的法律形式，在一定时期内将企业（下称"被托管人"）的经营权委托给具有较强经营管理能力，并能承担相应经营风险的另一法人或自然人，进行有偿经营的经济行为。其目的是改善企业的经营管理，提高企业的盈利能力。有时，委托人与被托管人可以是同一人。那么，在企业委托经营期间，像陆某这样的劳动者与哪一方存在劳动关系，谁应当支付其工资呢？

这一问题可从三个方面来判断。一看合同。委托经营管理中，职工常由三种人员组成，即委托人派往的职工（多为被托管人职工）、受托人带进的职工、新招聘的职工。这些人与哪一方存在劳动关系，首先可从劳动合同上来判断，即看他们在委托经营期间与哪一方签订了劳动合同。劳动合同是判断劳动关系的重要依据。二看约定。《劳动合同法》第十条规定，"建立劳动关系，应当订立书面劳动合同"。但是，有时用人单位招用劳动者后再补签书面劳动合同，此时可从委托人与受托人签订的《委托经营管理协议书》中关于职工工资、社会保险的处理等与劳动关系有关的条款来判定劳动关系，因工资发放、社会保险关系等是劳动关系的重要特征。三看规定。当用人单位未与劳动者签订书面劳动合同，《委托经营管理协议书》对职工的归属又无规定时，可根据原劳动和社会保障部《关于确立劳动关系有关事项的通知》（劳社部发〔2005〕12号）第一条规定来判断劳动关系。该条规定，用人单位招用劳动者未订立书面劳动合同，但同时具备下列情形的，劳动关系成立：①用人单位和劳动者符合法律、法规规定的主体资格；②用人单位依法制定的各项劳动规章制度适用于劳动者，劳动者受用人单位的劳动管理，从事用人单位安排的有报酬的劳动；③劳动者提供的劳动是用人单位业务的组成部分。

案例中，穆某招聘陆某后未签订书面劳动合同，未发过工资，但委托方与受托方签订的《委托经营管理协议书》中明确约定，除该公司董事长和穆某外，会所所用人员的工资福利、社会保险等待遇均由该公司负责。穆某是自然人，不具备用人单位的主体资格。陆某建立劳动关系的相对主体应当是某公司，某公司应当向其支付工资。

> 案例七十九

劳动者隐瞒婚姻状况，用人单位能否解除劳动合同

案情简介

甘某是某公司职工，负责公司内部财务审计工作。对于甘某来说，得到这份工作非常不易，历时两个月连续投递简历、多次笔试加面试之后甘某才成为该公司试用职工中的一员。但在填写《职工入职登记表》中的"婚姻状况"一栏时，已婚的甘某却没有如实填写。出于对职场潜规则排斥"已婚未育"女职工的担心，甘某在表格中填写了"否"。半年之后，甘某发现自己怀孕了，考虑到公司知道事实后可能会解除她的劳动合同，便没有向公司告知实情。但她频繁的妊娠反应和屡次出现的工作失误，让公司十分不解。经过一番调查，公司发现甘某在入职前就已经结婚，根据《职工入职登记表》中标明的"凡所述信息与实际情况不符的，属于欺骗行为，公司有权依据制度解除劳动关系，并不支付任何经济补偿"的规定，向甘某下发了《解除劳动合同通知书》。甘某认为公司的做法严重违反了劳动保障法律法规，且具有就业歧视性，要求公司撤销决定，继续履行原劳动合同。公司拒绝了甘某的要求。于是，甘某向劳动争议仲裁委员会提出仲裁申请。

仲裁结果

劳动争议仲裁委员会审理后，认为公司依据合法有效的劳动规章制度解除与甘某的劳动合同，没有违反劳动保障法律法规，于是裁决驳回了甘某的仲裁请求。

评析

首先,《就业促进法》第二十七条规定,国家保障妇女享有与男子平等的劳动权利。用人单位招用人员,除国家规定的不适合妇女的工种或者岗位外,不得以性别为由拒绝录用妇女或者提高对妇女的录用标准。用人单位录用女职工,不得在劳动合同中规定限制女职工结婚、生育的内容。因此,如果公司在招聘之初就明确概不录用已婚女职工,并以此为由解除甘某的劳动合同,就违反了法律规定,具有就业歧视性质。但公司显然是按照一般条件录用之后予以解聘,而不是在录用之初因婚姻状况解除对甘某的继续聘用,与法律对就业歧视的界定具有明显差别。

其次,需要考察公司解除甘某劳动合同的真正理由。公司在《入职申请表》中明确要求职工负有提供真实个人信息的义务,如果所述信息与客观情况不符的,公司将视作欺骗行为作出处理。因此,当公司发现甘某在婚姻状况上隐瞒事实予以解除劳动合同时,解除的理由是欺骗行为与欺骗事实的客观存在,而不是甘某的婚姻状态到底是已婚还是未婚。如果公司的规章制度中具备欺骗行为属于严重违反规章制度,并可以解除劳动合同的规定,公司可以依法行使用人自主权,解除其劳动合同,不涉及就业歧视的问题。

用人单位作为社会的一部分,对处于孕期、产期、哺乳期内的女职工负有保护的义务,法律法规对此也有明确规定。例如,如果不出现职工过错的情形,用人单位不得降低基本工资,不能解除或终止劳动合同,在不符合法定的调整岗位要求时,用人单位不得单方面做出调岗调薪的决定,等等。因此,劳动者无须担心用人单位得知自己已婚就会对自己差别对待,相反,可以随时采取司法救济的手段保护自己的合法权益。而用人单位一方,虽然法律对特殊人群、特定劳动者有着特殊的保护,但用人单位仍然在很多方面具有自主管理权,需要通过规章制度、劳动合同、文件等管理工具在每一个人力资源的管理环节加以完善,做到降低风险、减少损失。

案例八十

特殊工时制是否适用于劳务派遣职工

案情简介

王某被某劳务派遣公司派遣至某公司工作，王某与劳务派遣公司签订了劳动合同，劳动合同中没有约定王某从事的工作岗位，适用什么样的工时制度。在派遣期间，由于涉及工期的进展，王某每周只能休息一天，现在派遣期满，劳务派遣公司要终止与其签订的劳动合同。王某要求劳务派遣公司支付其每周加班一天的加班工资共计34 000元。劳务派遣公司认为应由实际用工单位承担该责任，而实际用工单位拿出当地人力资源和社会保障局对其单位实行不定时工作制的批文，该批文中明确王某所从事的岗位适用于不定时工作制，因此，用工单位无须向其支付加班工资。而王某认为自己是劳务派遣公司的派遣劳动者，劳务派遣公司并没有获得实行不定时工作制的批文，因此，劳务派遣公司应当向其支付加班工资。经多次协商，双方没有达成协议，于是王某向劳动争议仲裁委员会提出仲裁申请，要求劳务派遣公司依法支付其加班工资34 000元。

仲裁结果

劳动争议仲裁委员会审理后认为，劳务派遣公司与被派遣的劳动者签订的劳动合同对于工时没有明确的约定，那么，在劳务派遣期间，无法证明被派遣劳动者知道其从事的岗位属于特殊工时。因此，尽管用工单位被批准实行不定时工作制，但在没有明确告知被派遣劳动者的情形下，属于劳务派遣公司和用工单位没有尽到告知义务，因此，应当承担相应的法律责任。在没有明确告知派遣劳动者的情形下，该不定时工时制并不适用于被派遣劳动者。在标准工时制度下，周六和周日安排职工工作，如果没有安排补休的，应当依法支付加班工资。于是，劳动争议仲裁委员会裁决劳务派遣公司支付王某加班工资34 000元。

评析

我国现行有三种工时工作制度，即标准工时制、不定时工时制、综合计算工时制。后两种工时制度相对于标准工时制度来说属于特殊工时制度。三种工时制度区别的关键在于三种工时制度加班工资的计算方式不同。综合计算工时制度没有在周六和周日安排工作需要支付200%的加班工资或安排倒休的情形，而不定时计算工时制度则不需要支付加班工资。原劳动和社会保障部关于不定时工作制和综合计算工时制审批办法规定，明确了特殊工时制度的适用岗位与审批流程，即特殊工时制度需要由用人单位向劳动保障行政部门申请审批，经过劳动保障行政部门审批的特殊工时制度，才具有法律效力。

在劳务派遣用工中，其特殊性在于用工单位可以根据其工作岗位的特点向劳动保障行政部门申请审批特殊工时制度，而劳务派遣公司作为法律上的用人单位，因为其本身没有工作岗位，因此无法向劳动保障行政部门申请特殊工时制。而基于劳务派遣中的三方关系，劳务派遣公司与被派遣劳动者之间属于劳动关系，被派遣劳动者与用工单位之间属于劳务关系。那么，用工单位申请的特殊工时制度是否可以适用于被派遣的劳动者？

基于特殊工时制度是针对岗位而审批的，因此，若被派遣劳动者从事的是获得批准的特殊工时岗位，那么，被派遣劳动者应当适用用工单位获批的特殊工时制度。但是，特殊工时制度能否适用于被派遣劳动者，除了获得批准外，还有一个前提，即劳务派遣公司和用工单位明确书面告知被派遣劳动者其从事的岗位实行的是特殊工时制度。在仅仅获得批准但是没有明确告知被派遣劳动者的情况下，被派遣劳动者并不当然适用于特殊工时制度。因此，对于用工单位或劳务派遣公司来说，特殊工时制度获得审批与书面告知被派遣劳动者从事特殊岗位同等重要。

案例八十一

用人单位以提供培训为名签订的补充协议有效吗

案情简介

申诉人靳某诉称，自己从 2006 年 8 月 17 日开始在被申诉人某公司工作，双方签订了为期 3 年的劳动合同及补充协议。补充协议中约定，公司有权对员工进行培训，如果劳动者提出解除劳动合同则要支付违约金 100 000 元。但是，被申诉人没有为申诉人提供过任何培训。申诉人于 2008 年 8 月 7 日向被申诉人书面提出辞职申请，被申诉人答复让申诉人赔付违约金。而且被申诉人没有支付申诉人 2008 年 8 月的工资。申诉人请求劳动争议仲裁委员会依法裁决关于 10 000 元违约金的约定无效；要求被申诉人为申诉人办理人事档案关系转移手续以及支付 2008 年 8 月的工资 1 200 元。被申诉人辩称，申诉人在劳动合同期未满的情况下向被申诉人辞职是违反法律规定的，给单位造成经济损失。申诉人与被申诉人签有补充协议，协议中约定的培训费条款是有效的。申诉人如在没有赔付违约金前提下辞职将给公司造成严重的影响。被申诉人认可未支付申诉人 2008 年 8 月的工资，被申诉人考虑申诉人的实际情况，同意为申诉人调换岗位，希望其继续回公司工作，不同意解除劳动合同和办理申诉人人事档案转移手续。

仲裁结果

劳动争议仲裁委员会审理后认为，被申诉人没有为申诉人提供专项培训费用对其进行专业技术培训，那么，双方当事人在补充协议中要求赔偿 100 000 元违约金的约定违反《劳动合同法》第二十二条、第二十五条的规定，属无效条款。因此，申诉人无须支付被申诉人违约金。申诉人已于离职前一个月向被申诉人提出书面辞职，依据《劳动合同法》第五十条的规定，被申诉人应为申诉人办理人事档案和社会保险关系转移手续。申诉人 2008 年 8 月在岗上班，依据《劳动法》第五十条的规定，被申诉人应当支付申诉人 8 月份的工资。

评析

劳动争议仲裁委员会审理查明，申诉人 2006 年 8 月 17 日到被申诉人处工作，双方签订了期限自 2006 年 7 月 17 日至 2009 年 7 月 16 日的劳动合同，之后双方又签订了一份补充协议。补充协议中约定："公司有权对员工进行培训，自补充协议签订之日起，如因乙方（指申诉人）原因提出解除劳动合同，乙方向甲方（指被申诉人）一次性支付违约赔偿金 100 000 元。"2008 年 8 月 7 日申诉人向被申诉人提出书面辞职申请，坚持工作至 8 月底。被申诉人因违约金问题未与申诉人达成一致，不同意申诉人的辞职请求，亦未办理人事档案转移手续。申诉人 2008 年 8 月在岗上班，但被申诉人未支付申诉人工资。庭审中，被申诉人称对申诉人传授的操作方法、技术技巧经验属于培训内容，但未产生具体培训费用。

双方争议的焦点在于双方签订的补充协议是否有效。《劳动合同法》第二十二条规定，只有在用人单位为劳动者提供了专项培训且实际产生培训费用的前提下，用人单位可与劳动者订立协议，约定服务期，在劳动者违反服务期约定提前解除劳动合同时，用人单位可主张劳动者支付违约金，但该违约金不得超过用人单位提供的培训费用，且不得超过服务期尚未履行部分所应分摊的培训费用。本案中，被申诉人没有为申诉人提供专项培训，也未实际产生培训费用，双方签订的补充协议中违约金的约定应当认定为无效约定。从本案可以看出，用人单位对违约金的约定，必须在《劳动合同法》规定的框架下进行，否则即为无效约定。

案例八十二

用人单位如何规定劳动合同试用期及试用期的待遇

案情简介

申诉人李某诉称,他从2009年12月16日开始进入被申诉人某公司工作,双方签订了书面劳动合同,合同期限为自2009年12月16日起至2010年12月15日止。双方在劳动合同中约定,李某的试用期为3个月。半年后,被申诉人于2010年6月30日以申诉人不能胜任工作为由解除了与其的劳动合同。申诉人认为,用人单位与其签订了1年期限的劳动合同中约定了3个月的试用期,违反了《劳动合同法》的规定。于是,李某向劳动争议仲裁委员会提出仲裁申请,请求劳动争议仲裁委员会裁决被申诉人支付其2010年2月16日至2010年3月15日试用期满后欠发工资750元,支付其2009年12月16日至2010年2月15日试用期工资差额500元。

被申诉人辩称,申诉人的试用期是两个月,因此不存在欠发工资问题,申诉人请求的试用期工资差额不是事实,双方合同约定的工资为2 150元,其80%是1 720元,而被申诉人实际向其支付了试用期的工资为1 750元。

仲裁结果

劳动争议仲裁委员会审理后认为,当事人双方订立的劳动合同期限为1年,因此试用期不得超过两个月,申诉人虽未提供证据证明其实际试用了3个月,但因被申诉人均以现金形式向申诉人支付工资,工资支付资料为证明申诉人实际试用期限的最直接证据。鉴于被申诉人未能在规定的期限内提供相应的工资支付资料,因此被申诉人应当承担不利后果。劳动争议仲裁委员会因此认定,被申诉人实际对申诉人试用了3个月有悖法律规定,被申诉人应按每月工资2 150元、其他补贴每月350元向申诉人支付第三个月工资,而被申诉人实际支付申诉人该月工资为1 750元,因此还应向申诉人支付该月工资差额750元。当事人双方在劳动合同中约定的正常工作期间月工资为2 150元、其他补贴每月350元,合计为2 500元。被申诉人按每月1 750元向申诉人支付试用期工资,因此申诉人的试用期工资明显低于劳动合同约定工资的80%,被申诉人应向申诉人支付两个月的试用期工资差额500元。

评析

劳动争议仲裁委员会审理查明,申诉人于2009年12月16日进入被申诉人处工作,双方签订了书面劳动合同,期限为2009年12月16日至2010年12月15日。劳动合同约定申诉人试用期为3个月,每月工资为1 750元、正常工作期间每月工资2 150元、其他补贴每月350元。2010年6月30日,被申诉人以申诉人不胜任工作为由解除双方的劳动合同。

申诉人李某认为,根据《劳动合同法》第十九条规定,"劳动合同期限3个月以上不满1年的,试用期不得超过1个月;劳动合同期限1年以上不满3年的,试用期不得超过两个月;3年以上固定期限和无固定期限的劳动合同,试用期不应超过6个月"。但被申诉人实际约定其试用期为3个月。在此期间申诉人工资为每月1 750元,试用期结束后每月工资2 150元、其他补贴每月350元,被申诉人当庭确认。并同意提供2009年12月16日至2010年4月份的工资支付资料,但未能在规定的期限内提供相应的工资支付资料。

当事人对自己提出的主张有责任提供证据,与争议事项有关的证据属于用人单位掌握管理的,用人单位应当提供,用人单位不提供的,应当承担不利后果。《劳动合同法》第二十条规定,劳动者在试用期的工资不得低于本单位相同岗位最低档工资或者劳动合同约定的80%,并不得低于用人单位所在地的最低工资标准。

案例八十三

劳动合同期满，用人单位可以单方终止劳动合同吗

案情简介

被申诉人某劳务派遣公司与某公司自2003年1月1日起建立劳务派遣关系，由劳务派遣公司派遣数人到某公司工作。2008年1月1日申诉人吴某通过招聘被录用，与劳务派遣公司签订了两年期的劳动合同。工作期间，劳务派遣公司每月按时通过银行代发工资，并为申诉人吴某缴纳了2008年1月至2009年12月的各项社会保险费。2009年11月被申诉人提前30日通知申诉人与其终止劳动合同，申诉人表示不同意。申诉人于2010年4月向劳动争议仲裁委提出仲裁申请，要求裁决：①被申诉人按照申诉人月工资标准支付其2010年1月至2010年4月份工资8 000元；②被申诉人为申诉人缴纳2010年1月至4月的各项社会保险费；③被申诉人支付申诉人两个月经济补偿金4 000元。被申诉人在答辩中称双方劳动合同已经到期终止，其与申诉人已经不存在权利义务关系。

仲裁结果

劳动争议仲裁委员会审理后，依法裁决被申诉人以申诉人被终止劳动合同前12个月平均工资为标准，支付申诉人两个月的工资作为经济补偿金，并驳回了申诉人的第一、二项仲裁申请。

评析

劳动争议仲裁委员会审理查明：根据双方提交的证据及庭审调查结果，申诉人于2008年1月1日入职被申诉人处工作。双方签订了期限自2008年1月1日至2009年12月31日的劳动合同。申诉人的月工资标准为2 000元，申诉人在被申诉人处工作至2009年11月30日，被申诉人支付了申诉人2008年1月1日至2009年12月31日期间工资，并为其缴

纳了这一期间的各项社会保险费。2009年11月15日被申诉人通知申诉人，自2009年11月16日起申诉人可以不到被申诉人处继续工作，双方劳动合同于2009年12月31日到期，被申诉人将终止双方之间的劳动合同，同时与申诉人协商经济补偿的数额。至2009年11月30日双方未就经济补偿金数额协商一致，被申诉人于当日向申诉人送达了终止劳动合同的决定，申诉人在收到该决定后未再到被申诉人处工作。

《中华人民共和国劳动合同法》第四十四条规定，"有下列情形之一的，劳动合同终止：（一）劳动合同期满的"。第四十五条规定，"劳动合同期满，有本法第四十二条规定情形之一的，劳动合同应当延续至相应的情形消失时终止"。第四十六条规定，"有下列情形之一的，用人单位应当向劳动者支付经济补偿：（五）除用人单位维持或者提高劳动合同约定条件续订劳动合同，劳动者不同意续订的情形外，依照本法第四十四条第（一）项规定终止固定期限劳动合同的"。对于申诉人的第一项请求，被申诉人终止与其的劳动合同时履行了提前30日告知程序，依据《劳动合同法》第五十条，该公司在终止劳动合同的同时出具了终止劳动合同的证明，并且通过书面的方式将该证明送达了申诉人，另外支付申诉人两个月工资的经济补偿金。因此。被申诉人终止劳动合同的行为并未违反有关法律的规定。同时申诉人自2009年11月起就不再到被申诉人处继续工作，其要求被申诉人支付2010年1月至4月的工资并缴纳社会保险费是没有法律依据的。

申诉人主张2010年1月至4月期间是被申诉人未安排其工作，并且双方在就终止劳动合同进行协商期间，劳动关系依然存续，因此被申诉人有义务为其支付工资并缴纳社会保险费。依据《劳动合同法》第四十四、四十五条的规定，申诉人只要不具备《劳动合同法》第四十二条规定的"（一）从事接触职业病危害作业的劳动者未进行离岗前职业健康检查，或者疑似职业病病人在诊断或者医学观察期间的；（二）在本单位患职业病或者因工负伤并被确认丧失或者部分丧失劳动能力的；（三）患病或者非因工负伤，在规定的医疗期内的；（四）女职工在孕期、产期、哺乳期的；（五）在本单位连续工作满15年，且距法定退休年龄不足5年的"，被申诉人是可以在双方劳动合同期满后单方作出终止劳动合同行为的，此时不需要与劳动者协商一致。且被申诉人已经依法送达了终止劳动合同的证明,即使申诉人与被申诉人进行了协商,也不能认为双方劳动关系仍然存在。被申诉人终止劳动合同,停止申诉人工作,并支付了申诉人在职期间的工资,为其缴纳了社会保险费,因此被申诉人除支付申诉人终止劳动合同的经济补偿金之外,没有继续支付工资、缴纳社会保险费的义务。

案例八十四

用人单位因劳动者原因解除劳动合同无须支付经济补偿金

案情简介

申诉人蔡某诉称其是被申诉人某公司职工,双方签订了劳动合同。2008年9月22日,被申诉人以申诉人严重违纪为由解除劳动合同。申诉人蔡某请求劳动争议仲裁委员会依法裁决用人单位支付解除劳动合同的经济补偿金10 000元;恢复本人名誉。被申诉人辩称,申诉人收受客户的礼金,严重违反了公司规章制度,因此,蔡某要求支付解除劳动合同的经济补偿金无事实和法律依据;被申诉人解除与申诉人的劳动合同并未损害其名誉,且要求恢复名誉不属于劳动争议仲裁委员会受理的范围。

仲裁结果

被申诉人的《职工手册》和《职工行为奖惩办法》明确规定,职工受贿或者收受合作伙伴的礼品、馈赠等任何物质利益,被申诉人有权解除劳动合同。而申诉人收受客户1 000元购物卡的行为严重违反了被申诉人的规章制度,因此被申诉人解除双方的劳动合同,符合法律规定,因此,对蔡某要求该公司支付解除劳动合同的经济补偿金的仲裁请求不予支持。

因恢复名誉不属于劳动争议仲裁委员会受理范围,因此对于申诉人提出的该项请求不予处理。

评析

劳动争议仲裁委员会审理查明，申诉人蔡某于 2007 年 7 月 3 日进入被申诉人某公司工作，劳动合同期限为 2007 年 7 月 3 日至 2008 年 9 月 30 日。2008 年 9 月 22 日，公司以蔡某严重违纪为由解除了双方的劳动合同，蔡某同意解除劳动合同，但不认可解除理由。蔡某在劳动合同解除前 12 个月平均工资为 1 433.33 元。

本案双方争议的焦点是蔡某的行为是否属于用人单位单方解除劳动合同而无须支付经济补偿或赔偿金情形。

《劳动合同法》第四条规定，用人单位应当依法建立和完善劳动规章制度，保障劳动者享有劳动权利、履行劳动义务。该公司《职工手册》第三、四款规定，"盗窃、侵占、受贿或发生隐瞒、欺骗、虚报等违反诚信原则情形的。经查实有盗窃、侵占、受贿行为的，涉及的财物应返还公司，用人单位有权解除劳动合同"。该公司《职工行为奖惩办法》第一、第二、第七款规定，"以任何形式索取或者收受合作伙伴之礼品、馈赠等任何物质利益（包括但不限于：股份、红利、现金、礼金、礼品、娱乐活动票券、样品、供货商付费的活动、货币或商品形式的回扣、针对职工私人的特别优惠等）隐匿不报的，用人单位有权解除劳动合同"。

《劳动合同法》第三十九条第二款规定，严重违反用人单位的规章制度的，用人单位可以解除劳动合同。本案中，申诉人蔡某的行为严重违反了用人单位的规章制度，因此，用人单位可以解除劳动合同且无须支付经济补偿或赔偿金。

案例八十五

加班工资应当怎样计发

案情简介

申诉人陈某诉称其于2009年3月到某公司工作,双方签订了1年期限劳动合同,并且约定其月工资为1250元。在该公司工作至2010年2月。在职期间每天工作6.5小时,每周工作6天。2009年10月1日至3日在公司加班。相关法律法规规定,劳动者每周应工作5天,公司安排本人每周休息1天的行为违反法律法规的规定,请求劳动争议仲裁委员会依法裁决被申诉人支付每周单休的加班工资;支付2009年10月1日至3日的法定节假日的加班工资。被申诉人辩称,申诉人是公司职工,在双方签订的劳动合同中约定陈某在职期间每天工作6.5小时,每周工作6天。2009年10月1日至3日在公司上班,但公司已安排倒休,不存在另支付其加班工资的情况。

仲裁结果

依据劳部发《关于〈国务院关于职工工作时间的规定〉问题解答的通知》(〔1995〕187号)文件规定,公司在保证职工每周工作时间不超过40小时的前提下,每周至少休息1天。申诉人陈某工作时间符合法律规定。依据劳部发《关于贯彻执行〈中华人民共和国劳动法〉若干问题的意见》(〔1995〕309号)文件规定,法定节假日不能安排补休。故应补发法定节假日加班工资,但考虑陈某已经被公司安排倒休,支付加班费时应扣除当日工资。劳动争议仲裁委员会做出如下裁决:①自本裁决书生效之日起,由被申诉人支付申诉人2009年10月1日至3日法定节假日加班工资344.83〔1250÷21.75×3×(300%-100%)〕元;②驳回申诉人其他仲裁请求。

评析

劳动争议仲裁委员会审理查明，陈某是被申诉人公司职工，2009年3月1日入职，双方签订了劳动合同，合同期限为2009年3月1日至2010年2月28日。合同到期后公司不再续订劳动合同。陈某在职期间每天工作6.5小时，每周工作6天。2009年10月1日至3日，公司安排陈某上班，之后安排其倒休，未支付加班工资。申诉人陈某在职期间月工资合计为1 250元。

关于工作时间问题，依据国务院令第174号《国务院关于职工工作时间的规定》（以下简称"《规定》"），目前实行劳动者每日工作8小时，每周工作40小时标准工时制度。原劳动部《关于〈国务院关于职工工作时间的规定〉问题解答的通知》（劳部发〔1995〕187号）规定，有条件的企业应尽可能实行职工每日工作8小时、每周工作40小时这一标准工时制度。有些企业因工作性质和生产特点不能实行标准工时制度的，应将贯彻《规定》和贯彻《劳动法》结合起来，保证职工每周工作时间不超过40小时，每周至少休息1天。王某每周的工作时间为$6.5 \times 6 = 39$小时，并不违反有关法律规定。

依据劳部发〔1995〕309号文件第七十条规定，休息日安排劳动者工作的，应先按同等时间安排其补休，不能安排补休的应按劳动法第四十四条第（二）项的规定支付劳动者延长工作时间的工资报酬。法定节假日（元旦、春节、劳动节、国庆节）安排劳动者工作的，应按劳动法第四十四条第（三）项的规定支付劳动者延长工作时间的工资报酬。故法定节假日加班的不能安排倒休，应支付300%的加班费。但被申诉人安排申诉人倒休1天系事实，故应扣除1天工资，即法定节假日加班费扣除休息1天工资（300% - 100% = 200%）。

案例八十六

该劳动者与用人单位之间是否存在劳动关系

案情简介

申诉人俞某于 2008 年 2 月到被申诉人某公司工作，从事车辆驾驶工作，双方没有签订书面劳动合同。俞某向劳动争议仲裁委员会提出仲裁申请，请求依法确认其与被申诉人之间存在事实劳动关系。被申诉人辩称申诉人俞某虽然经营货物运输业务，但运输车辆均为社会雇佣，申诉人是运输车辆所有人招用的，与被申诉人没有劳动关系。

仲裁结果

劳动争议仲裁委员会审理后认为，申诉人俞某提交的证据足以相互佐证，证明俞某在被申诉人公司工作的事实。对于俞某的出勤记录、工资发放表，被申诉人负有举证责任，而在案件审理中被申诉人未提交，因此，应当承担举证不能的法律责任。综合本案事实及证据，认定俞某与被申诉人之间存在事实劳动关系。

评析

俞某于 2008 年 2 月到被申诉人公司从事车辆驾驶工作，双方未签订书面劳动合同。2009 年 6 月，俞某辞职离开公司。俞某提交的胸卡上写有"部门：营运部"、"职务：司机"，并盖有该公司的公章。两位证人证实，俞某胸卡由该公司发放，俞某工资从该公司财务部领取，有时申诉人俞某出车在外由证人代其领取，且领取工资时在工资发放单上有签名。申诉人提交的运输记录单记载了申诉人出车运输货物的情况。被申诉人只提交了车辆使用合同，合同内容未涉及有关车辆驾驶人员的约定。

本案双方争议的焦点是驾驶被申诉人雇佣车辆的劳动者，是否与被申诉人之间存在劳动关系。根据原劳动和社会保障部《关于确立劳动关系有关事项的通知》（劳社部发〔2005〕12号）文件第一条规定，申诉人与被申诉人均符合法律、法规规定的劳动关系主体资格，申诉人的工作由被申诉人安排管理，被申诉人支付给申诉人劳动报酬，申诉人提供的劳动是被申诉人业务的组成部分，以上情形同时具备时，应当认定申诉人与被申诉人之间存在事实劳动关系。同时，该文件第二条进一步明确了在此类案件中申诉人与被申诉人应当承担的举证责任范围，申诉人提供了胸卡、运输记录单和证人证言等证据，并用以上证据证明其工作和工资发放情况，而有关申诉人入职情况、出勤情况及工资发放情况，被申诉人负有举证责任。本案中，以上证据被申诉人均未提供，由此产生的法律后果应当由其自行承担。

案例八十七

劳动者被安排到新的用人单位后，原单位是否应当支付经济补偿金

案情简介

杨某现年40岁，于1999年7月应聘到某公司工作，双方一直没有签订劳动合同，公司也没有给杨某办理养老、失业和医疗保险。2007年11月双方签订了书面劳动合同。2008年9月，公司提出解除双方的劳动合同，并安排杨某到第三方公司工作。但在解除劳动合同时，没有向杨某支付经济补偿金。杨某认为自己的合法权益受到侵犯。杨某于2008年11月28日向劳动争议仲裁委员会提出仲裁申请，请求劳动争议仲裁委员会裁决原用人单位为其补缴1999年7月至2007年12月的养老、失业和医疗保险费，支付解除劳动合同的经济补偿金14 865.79元。劳动争议仲裁委员会审理查明，申诉人于1999年7月到被申诉人单位工作。2007年11月10日被申诉人和申诉人签订了两年期限的劳动合同，并为申诉人办理了社会保险参保手续，缴纳了养老、失业、医疗等社会保险费。后根据

国家规定,原公司由第三方公司收购、人员划转。原公司与第三方公司签订了《人员安排协议》,该协议约定,原公司合同制职工按总量的19.76%比例划转第三方公司工作。第三方公司依法与划转职工签订劳动合同,劳动合同期限从交割起始次日(2008年10月2日)至原劳动合同终止日止。原公司在交割起始日与原公司职工依法解除劳动合同。第三方公司承诺,划转职工转移至该公司后,统一执行公司的人力资源管理政策。根据该协议,2008年9月25日被申诉人与申诉人双方签订了《劳动合同解除协议》,双方的劳动合同自2008年10月1日起解除,申诉人到第三方公司工作,并签订了劳动合同。被申诉人没有给申诉人支付解除劳动合同的经济补偿金。

仲裁结果

劳动争议仲裁委员会审理后,做出如下裁决:①被申诉人给申诉人补办1999年7月至2007年12月的各项社会保险,并按照国家规定缴纳社会保险费,申诉人承担个人应缴纳的社会保险费;②驳回申诉人的其他申诉请求。裁决后双方没有异议,被申诉人履行了仲裁裁决。

评析

本案是因社会保险缴费和劳动关系转移而产生的争议,主要涉及以下几个法律问题:

一是关于形成事实上的劳动关系后社会保险问题。劳动关系是建立社会保险关系的基础。根据《劳动法》第七十二条规定,用人单位和劳动者必须依法参加社会保险,缴纳社会保险费。因此,参加社会保险是法定义务,具有强制性和不可选择性。本案中,申诉人于1999年7月到被申诉人单位工作,虽然双方没有签订劳动合同,但存在事实劳动关系,用人单位必须履行申诉人依法参加社会保险的义务,缴纳社会保险费。

二是关于非因劳动者本人原因从原用人单位被安排到新用人单位工作,原用人单位是否应给职工支付经济补偿金的问题。《劳动合同法实施条例》第十条规定,"劳动者非因本人原因从原用人单位被安排到新用人单位工作的,劳动者在原用人单位的工作年限合并计算为新用人单位的工作年限。原用人单位已经向劳动者支付经济补偿的,新用人单位在依法解除、终止劳动合同计算支付经济补偿的工作年限时,不再计算劳动者在原用人单位的工作年限"。根据本条规定,劳动者非本人原因从原用人单位被安排到新用人单位工作的,原用人单位是否应向劳动者支付经济补偿,对原用人单位来说具有非强制性和可选择性。本案中,被申诉人与申诉人劳动合同于2008年10月1日解除,是因双方订立劳动合同时所依据的客观情况发生变化,致使原劳动合同无法继续履行,经双方协商解除劳动合同,申诉人到第三方公司工作,申诉人在被申诉人单位的工作年限应合并计算为第三方公司的工作年限。所以,被申诉人在解除劳动合同时没有给申诉人支付经济补偿金的行为不违反国家法律法规。

需要说明的是,由于《劳动合同法实施条例》自2008年9月18日起施行,根据法无文明规定就无溯及既往原则,在2008年9月18日前,如劳动者非因本人原因从原用人单位被安排到新用人单位工作的,根据《违反和解除劳动合同经济补偿办法》(劳办发〔1997〕98号)第五条规定,"劳动合同当事人协商一致,由用人单位解除劳动合同的,用人单位根据劳动者在本单位工作年限,每满1年发给相当于1个月的经济补偿金,最多不超过12个月。工作时间不满1年按1年的标准发给经济补偿金"。也就是在上述情况下,用人单位必须按照规定给劳动者支付经济补偿金。

案例八十八

非全日制劳动者能否享受工伤保险待遇

案情简介

樊某多年前失业,为了养活一家人,不得不四处找工作。但由于年龄偏大,又没有技术,樊某一直未找到到合适的工作。不久前,街道办事处给樊某介绍了一个工作,到某公司从事保洁工作。看到该公司工资待遇不错,樊某就开始上班了。公司人力资源部门的负责人告诉樊某,樊某是非全日制用工,每天工作四小时,主要工作是保持工作环境整洁及公司安排的其他工作,不为其参加社会保险,工资按月发放;樊某在公司应当遵守公司的规章制度,服从管理人员的指挥。同时,人力资源部门要求樊某与公司签订了一份非全日制劳务合同,并向樊某解释说,非全日制用工人员与公司是劳务关系,所以签订劳务合同。

樊某上班不久就发生了意外。在擦洗楼梯时,不小心踩空从楼梯上摔了下来,造成骨折,花去医药费 8 000 多元。就樊某的工伤问题,公司认为其与樊某之间属于劳务关系,不应当承担工伤责任。而樊某认为自己是在公司工作的过程中发生了事故,应当属于工伤,公司应当依法给予自己相应的补偿。双方由此发生了争议。樊某向劳动争议仲裁委员会提出仲裁申请。

仲裁结果

劳动争议仲裁委员会受理后,首先对双方的劳动关系进行了确认,告知申诉人应向人力资源和社会保障行政部门申请工伤认定。

评析

本案属于因非全日制用工发生工伤导致的劳动关系争议,从《劳动合同法》的立法来看,非全日制用工属于特殊的劳动关系,用人单位应当为非全日制劳动者参加工伤保险,缴纳工伤保险费。从事非全日制工作的劳动者发生工伤,依法享受工伤保险待遇。

对于非全日制用工的工伤保险问题,原劳动和社会保障部《关于非全日制用工若干问题的意见》(劳社部发〔2003〕12号)第十二条规定,"用人单位应当按照国家有关规定为建立劳动关系的非全日制劳动者缴纳工伤保险费。从事非全日制工作的劳动者发生工伤,依法享受工伤保险待遇;被鉴定为伤残 5~10 级的,经劳动者与用人单位协商一致,可以一次性结算伤残待遇及有关费用"。

因此,非全日制职工的权益与全日制职工的工伤权益相比,并没有明显的差别。对于用人单位来说,应该为非全日制劳动者缴纳工伤保险费。

当发生工伤时，通过工伤保险保障劳动者权益，对于预防和减少用人单位的用工风险有重大作用。

案例八十九

如何理解《劳动争议调解仲裁法》规定的"一裁终局"

案情简介

2009年9月，牛某为个体工商户刘某干活，双方未签订书面劳动合同，口头约定牛某每月工资为573元。2009年11月，刘某辞退牛某，牛某要求刘某支付经济补偿金，遭到刘某的拒绝。于是，牛某向劳动争议仲裁委员会提出仲裁申请，要求裁决确认其与刘某之间存在事实劳动关系；刘某向其支付2009年9月至11月未签订书面劳动合同的两倍工资1 719元；解除劳动合同的经济补偿金286.5元以及额外经济补偿143.3元。

劳动争议仲裁委员会受理后，经审理，作出如下裁决：确认牛某与该个体工商户存在事实劳动关系；刘某支付2009年10月9日至11月23日期间未签订书面劳动合同两倍工资889.1元；刘某支付牛某解除劳动关系的经济补偿金286.5元及额外经济补偿金143.3元。

判决结果

刘某不服劳动争议仲裁委员会的裁决，向人民法院提起诉讼，要求确认牛某与其之间不存在劳动关系，并且不需向牛某支付相关费用。牛某则辩称其提起的是追索劳动报酬、经济补偿金、赔偿金案件，根据《劳动争议调解仲裁法》第四十七条的规定，属于"一裁终局"案件，人民法院应当裁定驳回刘某的起诉。人民法院经审理，依法驳回了刘某的诉讼请求。

评析

本案的关键在于如何理解"一裁终局"。表面上看,根据《最高人民法院关于审理劳动争议案件适用法律若干问题的解释(三)》第十四条的规定,"劳动人事争议仲裁委员会作出的同一仲裁裁决同时包含终局裁决事项和非终局裁决事项,当事人不服仲裁裁决向人民法院提起诉讼的,应当按照非终局裁决处理"。由于仲裁裁决中包含"确认存在劳动关系"的非终局裁决事项,因此本案应按照非终局裁决处理,当事人起诉后,仲裁裁决不发生法律效力。但仔细分析却发现有失当之处,理由如下:

第一,与立法目的不符。对于小额标的额和执行国家标准的劳动争议案件,《劳动争议调解仲裁法》确立了"一裁终局"制度,有利于及时保护劳动者的合法权益。实践中,在双方未签订书面劳动合同,存在事实劳动关系或者劳动关系有争议的情况下,劳动者在请求用人单位支付劳动报酬等费用之余,往往要求劳动争议仲裁委员会确认双方之间存在劳动关系。如果认定包含了非终局裁决事项的案件不属于"一裁终局",则《劳动争议调解仲裁法》第四十七条的规定很大程度上将会流于形式,对劳动者的保护也是不利的。

第二,追索劳动报酬等案件自然地包括了对劳动关系是否存在的认定。追索劳动报酬、工伤医疗费、经济补偿或者赔偿金案件的前提条件是劳动者与用人单位存在劳动关系。也就是说,追索劳动报酬等的请求自然包含了对劳动关系是否存在的认定。在处理该类案件时,劳动争议仲裁委员会必须审查双方是否存在劳动关系,如果不存在劳动关系,用人单位自然无须支付相应费用。

第三,退一步来说,当劳动者直接要求用人单位支付劳动报酬、工伤医疗费、经济补偿或者赔偿金,追索的标的额不超过当地月最低工资标准12个月金额时,如果仅仅认定此种情形下才属于"一裁终局"案件,可以发现,是否属于"一裁终局"案件主要取决于劳动者的仲裁请求或表述,而这需要劳动者熟悉关于"一裁终局"的法律规定,申请仲裁时具有相应的技巧。这显然不符合"一裁终局"的立法目的。

第四,在无其他劳动争议的情况下,劳动者确认劳动关系的存在只不过是为了达到追索劳动报酬的目的。如果拘泥于《最高人民法院关于审理劳动争议案件适用法律若干问题的解释（三）》第十四条的规定，忽略了《劳动争议调解仲裁法》第四十七条的立法目的、立法精神，则该司法解释有废除《劳动争议调解仲裁法》第四十七条规定的嫌疑。

案例九十

在同一用人单位工作10年以上能否无条件签订无固定期限劳动合同

案情简介

高某在某公司连续工作了15年，2010年4月双方的劳动合同到期，高某想与公司续签劳动合同，但是公司不同意。于是，高某向劳动人事争议仲裁委员会提出仲裁申请，要求与用人单位签订无固定期限劳动合同。用人单位认为，根据法律法规规定，续签劳动合同必须经双方同意，现在公司不同意与其续签劳动合同，只要按照法律法规规定向其支付经济补偿金就行了。高某认为，根据法律法规规定，像他这种情况，只要提出签订无固定期限的劳动合同，用人单位就应当签订无固定期限的劳动合同。

仲裁结果

劳动人事争议仲裁委员会受理后，向用人单位作了耐心细致的法律解释，使用人单位明白是继续履行劳动合同还是要求赔偿金的选择权在于劳动者而不在用人单位。经过多次调解，最终高某与用人单位达成协议，双方终止劳动关系，单位按经济补偿金2.5倍的标准作为赔偿金一次性向高某支付。

评析

《劳动合同法》第十四条规定，劳动者在用人单位连续工作满10年的，劳动者提出或者同意续订、订立劳动合同的，除劳动者提出订立固定期限劳动合同外，应当订立无固定期限劳动合同。因此，《劳动合同法》实施之后，当劳动者在该用人单位连续工作满10年，向用人单位提出订立无固定期限劳动合同的，双方就应当签订无固定期限的劳动合同。

劳动者提出续签劳动合同，用人单位应当同意并续签，否则属于违法终止劳动合同。根据《劳动合同法》第四十八条规定，用人单位违反本法规定终止劳动合同，劳动者要求继续履行劳动合同的，用人单位应当继续履行；劳动者不要求继续履行劳动合同或者劳动合同已经不能履行的，用人单位依照本法第八十七条规定向劳动者支付赔偿金。该法第八十七条规定，用人单位违反本法规定解除或者终止劳动合同的，应当依照第四十七条规定的经济补偿金的两倍向劳动者支付赔偿金。因此，当用人单位不与劳动者续签劳动合同时，应向劳动者支付两倍经济补偿金标准的赔偿金。

案例九十一

她到底与哪个用人单位有关系

案情简介

汪某于2001年8月起在某小学后勤部工作，双方没有签订劳动合同。从2004年4月份开始，她被该小学作为教师家属安排到A公司设于该校的送水站工作，工资改由A公司发放。这期间，A公司与该小学签订了一份《协议书》。协议约定，"该小学在校内提供两间房屋作为存水处，负责配合供水工作，安排发水员一名，属A公司管理，由A公司支付工资"。

2007年，该小学整体划转到某技工学校。2008年A公司也被整合到B公司。汪某的工资由B公司支付至今，但是，前后几个单位都没有为她参加社会保险、签订劳动合同。期间，该技工学校与B公司签订了一份

《协议书》。该协议约定,"存放水的场所由技工学校负责提供,若需驻校业务员,人员由技工学校安排,报酬由 B 公司负责发放"。

2010 年 6 月,汪某向劳动人事争议仲裁委员会提出仲裁申请,要求该技工学校补缴 2001 年至 2010 年期间的社会保险费,并签订无固定期限劳动合同。

劳动人事争议仲裁委员会依法组成仲裁庭,审理中发现 B 公司与本案有重大利害关系,又将其追加为第三人。但技工学校与 B 公司都不承认汪某是自己单位的职工。

仲裁结果

劳动人事争议仲裁委员会审理后,裁决技工学校为汪某补缴自 2001 年 8 月至 2004 年 3 月期间的养老保险费。B 公司为汪某补缴自 2004 年 4 月 1 日开始的养老保险费;并从 2010 年 9 月 1 日开始为汪某缴纳医疗保险费;自 2010 年 9 月 1 日开始与汪某签订无固定期限劳动合同。裁决送达后,三方当事人都没有在法定的期限内提起诉讼,裁决产生了法律效力。

评析

劳动人事争议仲裁委员会审理本案时有两种观点。第一种观点认为,2001 年至 2004 年汪某一直在某小学后勤部工作,应认定为汪某与某小学之间存在事实劳动关系;2004 年至 2010 年,技工学校无证据显示已与汪某终止劳动关系。因此,汪某应是技工学校的职工。

第二种观点认为,2001 年 8 月至 2004 年 3 月间,汪某与技工学校之间存在事实劳动关系。2004 年 4 月至今,汪某与 B 公司之间存在事实劳动关系。

经合议,劳动人事仲裁委员会支持了第二种观点,理由如下:

第一,确认事实劳动关系的前提条件是双方主体资格合法,劳动者提供的劳动是用人单位业务的组成部分,劳动者接受用人单位的管理并获取了劳动报酬,用人单位的规章制度适用于劳动者,等等。2001 年至 2004 年期间,汪某在某小学后勤部工作,接受该小学的管理,为该小学提供了劳动，取得了劳动报酬（有工资表为证），双方虽然没有签订书面劳动合同，但是双方之间存在事实劳动关系。

第二，2004年4月，汪某被安排到A公司工作，工作地点就在该公司设在小学内的送水站。自此，汪某提供的劳动则是A公司业务的组成部分，接受了该公司的劳动管理，并从公司领取了劳动报酬（有工资表为证）。这期间汪某与A公司建立了事实劳动关系。虽然其到B公司上班是由小学安排和推荐的，但在管理上不存在派遣。A公司整合到B公司后，依据《民法通则》的规定，企业法人分立、合并，它的权益和义务由变更后的法人享有和承担。原小学的权利和义务也应该由现在的技工学校来承担。据此，技工学校应为汪某补缴自2001年8月至2004年3月期间的养老保险费；B公司应为汪某补缴自2004年4月至今的养老保险费，并从现在开始为汪某缴纳医疗保险费。

第三，自2004年4月汪某与A公司形成事实劳动关系至今，双方一直没有签订劳动合同，按照《劳动合同法》第十四条的规定，"用人单位自用工之日起满1年未与劳动者订立书面劳动合同的，视为用人单位与劳动者已订立了无固定期限劳动合同"。为此，对汪某提出要求签订无固定期限劳动合同的仲裁请求应予支持。

案例九十二

两倍工资的仲裁请求是否有时效限制

案情简介

2008年4月方某入职某公司，担任公司主管一职。2010年6月4日方某向公司人力资源部提交了一封辞职信，表示因个人原因希望与公司解除劳动合同。2010年7月1日，公司收到了劳动人事争议仲裁委员会的应诉通知，方某以公司未签订书面劳动合同，未缴纳社会保险费为由，要求公司向其支付自2008年4月至2010年6月期间的两倍工资，以及解除劳动合同的经济补偿金。公司则认为，方某2008年入职以来就一直没有签订劳动合同，2010年才主张权利，已远远超过法律规定的1年仲裁时效，况且方某辞职的理由是"个人原因"，并非"未缴纳社会保险费"，因此，劳动人事争议委员会不应支持方某的申诉请求。

仲裁结果

劳动人事争议仲裁委员会经审理，做出驳回方某仲裁请求的裁决。

评析

首先，《劳动合同法》第八十二条规定，用人单位自用工之日起超过1个月不满1年未与劳动者订立书面劳动合同的，应当向劳动者每月支付两倍的工资。这一规定被法规收录在第七章"法律责任"中，而非第三章"劳动合同的履行与变更"中，因此，支付两倍工资并不是传统意义上的"工资报酬"，而是用人单位应当对未签订书面劳动合同应负的不利后果、违法责任。

其次，《劳动合同法实施条例》第六条规定，用人单位自用工之日起超过1个月不满1年未与劳动者订立书面劳动合同的，应当依照劳动合同法第八十二条的规定向劳动者每月支付两倍的工资，并与劳动者补签书面劳动合同；第七条规定，用人单位自用工之日起满1年未与劳动者订立书面劳动合同的，自用工之日起满1个月的次日止满1年的前一日应当依照劳动合同法第八十二条的规定向劳动者每月支付两倍的工资，并视为自用工之日起满1年的当日已经与劳动者订立无固定期限劳动合同，应当立即与劳动者补订书面劳动合同。由此可见，法律虽然明确要求建立劳动关系必须签订书面劳动合同，但同时也赋予用人单位一定的缓冲期，即，1个月之内签订即可，超过1个月未签订的，无论责任在哪一方，法律都会施以支付两倍工资、补签劳动合同、支付经济补偿金，甚至签订无固定期限劳动合同等逐层递升的惩罚措施。因此，从这两条规定中也可以明确，两倍工资属于惩罚性措施的范畴，其性质与工资报酬截然不同。之所以称之为"工资"，只是由于此惩罚性措施需要以劳动者的工资为标准来要求用人单位对未履行签订书面劳动合同的行为承担责任。

最后,《劳动争议调解仲裁法》第二十七条的规定,劳动争议申请仲裁的时效期间为一年。仲裁时效期间从当事人知道或者应当知道其权利被侵害之日起计算。前款规定的仲裁时效,因当事人一方向对方主张权利,或者向有关部门请求权利救济,或者对方当事人同意履行义务而中断。从中断时起,仲裁时效期间重新计算。因不可抗力或者有其他正当理由,当事人不能在本条第一款规定的仲裁时效期间申请仲裁的,仲裁时效中止。从中止时效的原因消除之日起,仲裁时效期间继续计算。劳动关系存续期间因拖欠劳动报酬发生争议的,劳动者申请仲裁不受本条第一款规定的仲裁时效期间的限制;但是,劳动关系终止的,应当自劳动关系终止之日起一年内提出。两倍工资属于惩罚性措施,归类于法律责任而非劳动报酬范畴,因此,也就不符合上述法规中"因拖欠劳动报酬发生争议,不受本条第一款规定的仲裁时效期间限制"的情形,应当自劳动者知道或者应当知道其权益受到侵害之时提出仲裁申请,保护自身利益。

本案中,方某 2008 年 4 月入职,其当时就已经知道公司并未与其签订书面劳动合同,即使将法定的 1 个月缓冲期计算在内,方某在 2008 年 5 月也应当知道其拥有签订书面劳动合同的合法权利受到侵害,应当即时主张权利。而方某不仅未在当时提出仲裁申请,反倒是两年之后才要求公司承担法律责任,显然是对其法定权利的放弃,劳动人事争议仲裁委员会、司法机关不应保护其"过期"的胜诉权,而应当按照"知道或应当知道权利受到侵害之日起计算,仲裁时效为 1 年"的规定支持此期间的合法主张。如果仲裁委员会、人民法院依据劳动报酬的时效计算办法来权衡劳资双方在签订书面劳动合同中的权利与责任,难免会出现劳动者"钓鱼式维权"的现象,在某种程度上反而会破坏劳资双方的平等权利。至于经济补偿金的问题,《劳动合同法》第三十八条与第四十六条的规定,只有劳动者因用人单位未能依法缴纳社会保险费而解除劳动合同的情况,用人单位才需要为劳动者的单方解除支付经济补偿金。而本案的事实则是,方某基于"个人原因"解除劳动合同,而并非公司未缴纳社会保险费,因此,方某的辞职不符合《劳动合同法》第三十八条的规定,也就不能按照第四十六条的要求经济补偿金。

案例九十三

这种"用工关系"用人单位能否终止

案情简介

A 公司与某工厂签订了联合办厂合同，约定由 A 公司出土地，组建 L 公司。2002 年，由于 A 公司所属集团公司进行结构调整，A 公司所拥有的一部分产品和业务剥离出来，成立了与 A 公司互相独立运作、自负盈亏的 B 公司。2003 年，为了解决 A 公司在职职工家属和子弟的就业问题，A 公司与 L 公司签订了协议，选拔并输送了尚某等 20 余人到 L 公司工作，并约定行政关系、人事关系归 A 公司，工资、奖金等费用由 L 公司以劳务形式支付给 A 公司，再由 A 公司发给个人；各项保险福利以及工伤待遇均由 L 公司依法缴纳；该协议至 A 公司破产，之后的问题由双方另行协商确定。当时，A 公司出台了《A 公司向 L 公司输送劳务人员办法》，该办法规定，A 公司与被输送的职工家属和子弟建立劳动关系，直至 L 公司岗位丧失。2004 年 12 月，A 公司被依法裁定破产。L 公司没有与 A 公司协商尚某等人的劳动关系问题。此后，尚某等 20 余人仍继续在 L 公司工作。直至 2008 年 10 月，L 公司因经营问题单方面终止了与尚某等人的用工关系。2009 年 8 月，尚某等人向劳动争议仲裁委员会提出仲裁申请，要求 L 公司与 B 公司解决职工工作安置问题；与他们签订劳动合同；落实养老以及医疗保险等一切待遇；依法补发放假期间工资。L 公司与 B 公司则均认为自己与尚某等人并不存在劳动关系。

仲裁结果

劳动争议仲裁委员会经审理，作出如下裁决：驳回尚某等人要求与 L 公司签订无固定期限劳动合同的申诉请求，但 L 公司依法向尚某等人支付经济补偿金，即每满 1 年支付 1 个月的工资作为经济补偿金，支付年限应当为 2004 年 12 月至 2008 年 10 月；L 公司应当依法为尚某等人补缴各项社会保险费。

评析

关于尚某等人劳动关系的隶属问题，《劳动合同法》第三十四条规定，"用人单位发生合并或者分立等情况，原劳动合同继续有效，劳动合同由承继其权利和义务的用人单位继续履行"。而B公司在2002年就与A公司分立，成为自负盈亏的独立法人，尚某等人从招聘、入职的时间上看与B公司无任何法律关系。此外，在A公司破产清算的过程中，B公司并没有承继其任何权利和义务。因此，B公司由始至终均未与尚某等人建立过任何劳动关系。

那么，尚某等人与L公司是否有劳动关系呢？首先，A公司作为独立的经济实体存在期间，即2003年至2004年A公司破产之日，这期间，尚某等20余人在被招聘之前本身与A公司没有任何法律关系，但是，依据A公司的内部管理制度《A公司向L公司输送劳务人员办法》，在这一阶段其劳动关系属于A公司。其次，2004年A公司破产之日至2008年10月期间，这期间A公司已经破产，依据《劳动合同法》第四十四条第一款规定，"用人单位被依法宣告破产的劳动合同终止"。在A公司破产后，这些职工与A公司的劳动关系依法终止。

因此，如何判定尚某等20余名职工在A公司破产后劳动关系的隶属，则应当依据原劳动部《关于确立劳动关系有关事项的通知》（劳社部发〔2005〕12号）的规定来确定。该通知明确规定："用人单位招用劳动者未订立书面劳动合同，但同时具备下列情形的，劳动关系成立：（一）用人单位和劳动者符合法律、法规规定的主体资格；（二）用人单位依法制定的各项劳动规章制度适用于劳动者，劳动者受用人单位的劳动管理，从事用人单位安排的有报酬的劳动；（三）劳动者提供的劳动是用人单位业务的组成部分。"从案情可以看出，L公司并没有因为A公司的破产而终止与尚某等人的用工关系。相反，他们继续在L公司提供劳动，并依据L公司岗位工资制度规定的标准领取工资待遇，同时接受L公司劳动规章制度的约束。这充分说明，在A公司破产后，尚某等20余名职工与L公司之间形成了独立的、完整的事实劳动关系。

那么，尚某等人的仲裁请求哪些能得到支持呢？依据《最高人民法院关于审理劳动争议案件适用法律若干问题的解释》第十六条规定，"劳动合同期满后，劳动者仍在原用人单位工作，原用人单位未表示异议的，视为双方同意以原条件继续履行劳动合同。一方提出终止劳动关系的，人民法院应当支持"。根据《劳动法》第二十条规定，用人单位应当与劳动者签订无固定期限劳动合同而未签订的，人民法院可以视为双方之间存在无固定期限劳动合同关系，并以原劳动合同确定双方的权利义务关系。即对于事实劳动关系，用人单位和劳动者任何一方都可以随时提出终止劳动合同，但是符合签订无固定期限劳动合同的，劳动者可以提出签订无固定期限劳动合同。

依据《劳动合同法》的规定，劳动者连续工作满10年，连续签订两次固定期限劳动合同，或者该法实施之日起1年内未签订劳动合同，劳动者可以要求用人单位签订无固定期限劳动合同。尚某等人与L公司自2004年12月起建立事实劳动关系，2008年10月终止劳动合同，不符合签订无固定期限劳动合同的条件。因此，L公司终止与尚某等人的事实劳动关系并无不妥，但应根据法律法规规定支付经济补偿金。此外，尚某等人在L公司工作期间，L公司没有依法为其缴纳各项社会保险费，L公司应当为其补缴。

因此，劳动争议仲裁委员会裁决支持了尚某等人提出的L公司依法支付终止劳动合同的经济补偿金、补缴社会保险费的申诉请求，驳回了其要求与L公司重新确立劳动关系并支付终止劳动合同之后的工资的请求。

案例九十四

超越代理权限行使的代理行为应当无效

案情简介

白某因工伤待遇和某公司发生争议，白某于2000年6月22日向劳动争议仲裁委员会提出仲裁申请，劳动争议仲裁委员会经审查于6月28日立案，并于7月22日对该案进行了开庭审理。白某的委托代理人赵某、白某某（申诉人之父）和被申诉人的委托代理人到庭参加审理（申诉人因截瘫未出庭）。庭审前申诉人和被申诉人的委托代理人提供了授权委托书，委托权限均为特别代理。在庭审中，仲裁庭核对了当事人及代理人的身份和代理权限，查明白某代理人的委托权限为特别代理，当事人未提出异议。仲裁庭按程序依法对该案审理，在查清事实的基础上，仲裁庭对双方当事人进行了相关法律法规的宣传和解释，经仲裁庭调解，当事人当庭达成了调解协议，被申诉人同意给申诉人支付相关的工伤待遇。仲裁庭于当天制作并给双方当事人送达了仲裁调解书。申诉人的调解书由其代理人赵某签收。

2000年9月6日，申诉人之父白某某向劳动争议仲裁委员会反映，认为仲裁调解书是在没有征询他和他儿子的意见的情况下达成的，因此该调解书是无效的。就此事，该案的经办仲裁员向白某某进行了解释。2002年，白某某又向劳动争议仲裁委员会提交了书面意见书，意见书中说明委托代理人赵某的委托权限为一般代理，不是特别代理，要求撤销仲裁调解书，劳动仲裁员耐心解释，告知就赵某是否超越委托权限的事应向当地司法部门反映。2003年1月21日，经当地司法部门审查，作出书面结论告知劳动争议仲裁委员会，认为赵某未经当事人白某的授权，超越委托人委托权限行使了特别代理权。

仲裁结果

依据当地司法部门做出的书面结论，按照《劳动争议仲裁委员会办案规则》以及相关法律法规的规定，劳动争议仲裁委员会决定重新处理该案，撤销了仲裁调解书，决定终止原调解的执行，并另行组成仲裁庭，仲裁庭再次处理该案，依法作出仲裁裁决。

评析

本案是因代理人超越委托人委托权限而产生的争议。主要涉及以下几个法律问题：

一是关于处理劳动争议案件适用程序法律的问题。因为劳动争议案件是当事人相对特殊的民事争议，属于民事案件的范畴，所以，在处理劳动争议案件时，在处理程序上如《劳动争议仲裁委员会办案规则》（现为《劳动人事争议仲裁办案规则》）有明确规定应从其规定，如没有明确规定，就应参照《民事诉讼法》的相关规定执行。

二是关于代理人的问题。《劳动争议仲裁委员会办案规则》第九条第二款规定，"当事人可以委托一至两名律师或其他代理人参加仲裁活动"。《民事诉讼法》第五十八条第一款规定，"当事人、法定代理人可以委托一至两人作为诉讼代理人"。因此，委托代理人是法律法规赋予劳动争议当事人的一项权利。本案中，赵某受白某的委托，代理白某参加仲裁活动是合法的行为。

三是关于代理人代理权限的问题。《民事诉讼法》第五十九条第二款规定，"授权委托书必须记明委托事项和权限。上述代理人代为承认、放弃、变更诉讼请求，进行和解，提起反诉或者上诉，必须有委托人的特别授权"。因此，代理人行使代理权必须在委托人的授权范围内行使，如代理人超越委托人所委托权限，且未经委托人认可的，该行为所产生的法律后果对委托人是无效的。本案中正是赵某超越委托人白某的委托权限，行使了需要特别授权的和解权，导致仲裁调解无效。

四是关于发生法律效力的劳动争议裁决书或调解书有错误时救济问题。《劳动争议仲裁委员会办案规则》第三十四条规定，"各级仲裁委员会主任对本委员会已经发生法律效力的裁决书，发现确有错误，需要重新处理，应提交本仲裁委员会决定。决定重新处理的争议，由仲裁委员会决定终止原裁决的执行，仲裁委员会宣布原裁决书无效的，应另行组成仲裁庭，仲裁庭再次处理案件"。虽然新的《劳动人事争议仲裁办案规则》没有相关规定，但为了充分保护当事人的合法权益，这种对发生法律效力的劳动争议裁决书或调解书的救济措施，不失为一种行之有效的手段。

案例九十五

错列被申诉人的劳动争议能否引起时效中断

案情简介

某公司承包了A公司仓库的施工工程。2009年3月10日，农民工卜某经人介绍到该工地跟随包工头柯某进行劳动，并约定卜某月工资为2400元，但未签订书面劳动合同。2009年4月30日，卜某因家中有事提出辞职。柯某同意，随即为其发放了3月份工资，称4月的工资到5月15日再发放，过时不候。卜某同意，即返回老家。2010年3月底，卜某又到原工地打工。他多次要求柯某支付2008年4月份工资2400元，柯某予以拒绝支付。2011年5月12日，卜某以某公司和柯某为被申诉人申请劳动争议仲裁，请求支付工资。劳动争议仲裁委员会经审理查明，卜某以某公司和柯某为被申诉人申请劳动争议仲裁主体不适格，驳回了其请求。2011年6月10日，卜某又以A公司和柯某为被申诉人申请劳动争议仲裁。A公司辩称，卜某的请求已经超过仲裁时效，不应得到支持。但是卜某认为，已形成仲裁时效中断。因此，未超过仲裁时效，其请求应当得到劳动争议仲裁委员会的支持。

仲裁结果

劳动争议仲裁委员会受理后，裁决支持了卜某的仲裁请求。

评析

仲裁时效的中断是指已经开始计算的仲裁时效期间因发生法定事由不再进行，并使已经经过的时效期间丧失效力，法定事由消除后，时效重新计算，以避免因从仲裁时效开始计算之日到提起劳动争议仲裁申请之日超过一年而失去胜诉权。对于引起时效中断的法定事由，《劳动争议调解仲裁法》第二十七条列举了三种情形，即当事人一方向对方当事人主张权利,或者向有关部门请求权利救济,或者对方当事人同意履行义务;具有其中一种情形的,即可引起时效中断。《劳动人事争议仲裁办案规则》第十条对此进行了细化,如将"向有关部门请求权利救济的"细化为在争议申请仲裁的时效期间内,一方当事人通过向有关部门投诉,向劳动争议仲裁委员会申请仲裁,向人民法院起诉或者申请支付令等方式请求权利救济的,仲裁时效中断。从中断时起,仲裁时效期间重新计算。由此,案例中卜某申请仲裁,请求权利救济当属仲裁时效中断的法定事由。但其所列被申诉人主体不适格会影响仲裁时效的中断吗?

劳动仲裁员认为,这种情况不会影响仲裁时效的中断。理由如下:

一是对仲裁申请中被申诉主体应为适格当事人未作明确规定,即使申诉人(非故意)错列被申诉主体,只要向有关部门请求了权利救济,即应引起时效中断。

二是法律设定仲裁时效的目的主要在于消除权利人因不积极行使权利而导致法律关系的不稳定状态,意在督促权利人及时行使权利。由于法律等相关知识欠缺,或关联单位用工不规范,或劳动者隐瞒其真实姓名等原因,当事人一方错列被申诉主体的情况在实践中时有发生,但这显然并非当事人本意。在仲裁时效内向有关部门请求权利救济,即表明当事人一方在积极地行使法律赋予的权利,虽然错列了被申诉主体,但符合仲裁时效的立法本意,应引起时效中断。

三是当事人再次提起仲裁申请,是因为被申诉主体不适格。但只要后提起的仲裁申请与先提起的仲裁申请基于同一劳动事实、同一申请标的,先提起的仲裁就可以作为后提起仲裁的中断事由。案例中,卜某第二次提起的仲裁申请与第一次仲裁申请所依据的事实和争议标的是一致的,且第一次仲裁申请是在仲裁时效内提出的,故第一次仲裁申请虽然错列了申诉人,但仍然可以作为仲裁时效中断的事由,从此时起仲裁时效期间重新计算,因此,卜某第二次提起仲裁申请未超过仲裁时效。

案例九十六

间接证据能否作为劳动人事争议仲裁委员会定案的依据

案情简介

骆某自2010年2月1日起在A公司工作，工作岗位为人事专员，公司的劳资事项全部由骆某负责。2010年6月，劳动保障监察大队下发了《劳动保障书面审查办事指南》，其中规定，用人单位接受书面审查信息登记必须提供的材料包括用人单位全体职工花名册和劳动合同，花名册由劳动保障监察大队留存一份，劳动合同审查完毕后返还用人单位。同月，劳动保障监察大队对A公司进行书面审查，骆某负责办理此事项。骆某在书面审查事项中提交的职工花名册中，把自己的劳动合同类型填写为固定期限劳动合同，期限为2010年2月22日至2012年12月30日。该劳动保障监察大队在进行了书面审查后，未向A公司发出整改通知。2010年8月，骆某向公司书面提出签订劳动合同，A公司认为骆某进入公司后就已经签订劳动合同，但是并没有找到双方的劳动合同。

于是，骆某向劳动争议仲裁委员会提出仲裁申请，以双方未签订书面劳动合同为由，要求A公司支付两倍工资的差额。

仲裁结果

劳动争议仲裁委员会经审理，驳回了骆某要求支付两倍工资的仲裁请求。

评析

在劳动争议仲裁实践中，在没有质检证据认定案件事实的情况下，间接证据可以认定案件事实，可以作为定案的依据。但是间接证据作为定案的依据，必须具备以下条件：第一，间接证据与案件事实相互联系，如本案中的花名册和《劳动保障书面审查办事指南》能反映本案争议焦点发生的条件。第二，间接证据之间又相互联系。虽然间接证据只是从某个方面反映案件事实，但间接证据之间联系组合起来，就能起到证明案件事实的作用。如本案中的花名册和《劳动保障书面审查办事指南》单独佐证不了本案的争议焦点，但是联系组合起来，可以证明双方签订劳动合同的事实。第三，间接证据之间以及间接证据与案件之间必须具备一致性。若干个间接证据组成的证据链条，既不能脱节，更不能相互矛盾。同时，间接证据和案件事实之间在发生的时间和内容上也必须协调一致。如本案中的花名册和《劳动保障书面审查办事指南》能组成一个完整的证据链条，且跟案件事实在时间和内容上能够衔接得上。第四，间接证据必须具有唯一性和排他性。所有的间接证据组成的证明体系，都指向一个共同的事实，只能得出一个唯一的结论而不能得出矛盾的结论。

根据《劳动保障书面审查办事指南》的要求及该劳动保障监察大队在书面审查后未向A公司发出整改通知的事实，可以证明骆某提交的资料符合《劳动保障书面审查办事指南》的要求，即包括了职工花名册和劳动合同，且花名册中表明骆某劳动合同类型为固定期限劳动合同与提交材料中的劳动合同形式一致。由此可以证明双方签订过劳动合同，且曾经由骆某亲自提交过，并在骆某亲自制作填写的花名册中得到认可。即花名册和《劳动保障书面审查办事指南》联系组合，得出了双方签订了劳动合同的结论。

劳动争议仲裁委员会裁决驳回骆某要求支付两倍工资的仲裁请求是正确的。

案例九十七

这样解除劳动合同是否违法

案情简介

钱某于1997年4月入职于某公司，从事车辆驾驶工作，双方签订了书面劳动合同,并从 2008 年 4 月 26 日起签订了无固定期限劳动合同。2010 年 4 月 9 日,该公司以"车辆减少、人员富余、需精简人员"为由解除了与钱某之间的劳动合同。2010 年 4 月 12 日,公司通过银行转账方式,向钱某支付了解除劳动合同的经济补偿金。2010 年 5 月,钱某向当地劳动争议仲裁委员会提出仲裁申请,要求公司向其支付违法解除劳动合同的赔偿金。在仲裁过程中,钱某认为双方签订的是无固定期限劳动合同,公司提出解除劳动合同并没有与其进行协商,而且没有合法的理由就随意解除劳动合同,应当支付违法解除劳动关系的赔偿金。公司则辩称"车辆减少、岗位富余、需精简人员"是客观事实,且提出解除劳动合同是与钱某协商一致的,并按照双方的约定支付了经济补偿金。但该公司未能就因岗位裁员的真实性作出举证,且以此理由解除劳动合同的仅钱某一人。

仲裁结果

劳动争议仲裁委员会经审理,根据《劳动合同法》第四十七条、第四十八条、第八十七条的规定,裁决支持了钱某要求该公司支付违法解除劳动合同赔偿金的仲裁请求。

评析

对该案,劳动仲裁员有不同观点。一种观点认为,可以认定该公司因客观发生重大变化而解除劳动合同。理由是,该公司经营发生困难,"车辆减少、人员富余"已经是不争的事实,属于客观情况发生了重大变化,公司的行为不属于违法解除劳动合同。因此,钱某的仲裁请求理应不予支持。另一种观点认为,不能认定该公司客观情况发生重大变化以及双方协商一致解除劳动合同。理由是,客观情况是指履行原劳动合同所必需的客观条件,因不可抗力或者出现致使劳动合同全部或者部分条款无法履行的其他情况,如自然条件、企业迁移或者被兼并等,使原劳动合同不能履行或不必要履行的情况,但本案中,该公司没有提交证据证明其发生上述情况。即使公司客观情况发生重大变化的理由成立,除向钱某支付经济补偿金外,公司还应提前 30 日书面通知或额外支付 1 个月工资,但公司没有这样做。另外，也没有证据证明公司提出解除劳动合同是与钱某协商一致的，公司将经济补偿金打入钱某银行账户只是单方行为，钱某只能被动接受。因此，公司的行为属于违法解除，钱某的仲裁请求理应予以支持。

劳动争议仲裁委员会采纳了第二种观点。

《劳动合同法》第四十条第三款、第四十一条第四款明确规定用人单位所依据的客观情况发生重大变化，致使劳动合同无法履行，在经过与劳动者协商后，仍未能变更劳动合同内容达成协议的，用人单位应当提前30日以书面形式通知劳动者或者额外支付劳动者1个月工资后，方可解除劳动合同。同时还规定用人单位提出解除劳动合同并与劳动者协商一致的，用人单位应当向劳动者支付经济补偿金。

针对这一问题，要注意以下两点，一是用人单位应当就客观情况发生重大变化进行举证，还应与劳动者协商，不能达成协议的，应当提前30日以书面形式通知解除劳动合同或额外支付1个月工资；二是用人单位应当就其与劳动者协商一致进行举证；否则，用人单位应当承担举证不能的不利后果，向劳动者支付违法解除劳动合同的赔偿金。

案例九十八

用人单位解除劳动合同应向工伤职工支付工伤待遇

案情简介

周某于2002年5月入职某公司，从事车辆驾驶工作。2005年1月双方签订了5年期限的劳动合同。2007年2月周某在运输公司货物时，因路面积雪结冰发生交通事故，造成右腿骨折，住院治疗4个月，出院后在家休息了3个月。劳动保障行政部门作出工伤认定后，劳动能力鉴定委员会鉴定周某为7级伤残。公司为周某支付了全部治疗费和一次性伤残补助金以及工伤津贴。2007年10月，周某回公司开始上班，仍从事车辆驾驶工作。2009年1月3日起，周某没有向公司履行请假手续，无故旷工达3

个月，经公司通知，周某仍然不回公司上班。2009年4月28日，公司依据单位劳动纪律和规章制度的相关规定，给周某发出了解除劳动合同的书面通知，同时认为，解除劳动合同的原因是周某无故旷工，严重违反公司的劳动纪律和规章制度造成的，责任应由周某承担，公司不应给其任何经济补偿。周某认为公司违法解除劳动合同，于2009年5月9日向劳动争议仲裁委员会提出仲裁申请，要求公司支付一次性伤残就业补助金和一次性工伤医疗补助金，并按其在单位的工作年限给予两倍的赔偿金。

仲裁结果

劳动争议仲裁委员会受理后，经审理查明，申诉人周某为工伤7级伤残，2009年1月3日起，周某没有履行请假手续，连续旷工3个月，经公司通知，周某仍然没有回公司上班。根据查明的事实和相关法律规定，劳动争议仲裁委员会裁决被申诉人向申诉人支付一次性伤残就业补助金和一次性工伤医疗补助金各24 000元，驳回申诉人的其他仲裁请求。仲裁裁决送达后，双方在法定时效内没有提起民事诉讼，并履行了仲裁裁决。

评析

本案涉及的主要问题有两个：

一是职工发生工伤后，劳动者严重违反用人单位规章制度的，用人单位能否解除其劳动合同？本案中，由于周某没有履行请假手续，连续旷工长达3个月时间，严重违反了公司的劳动纪律和规章制度，从而导致公司与其解除劳动合同。公司的行为符合法律法规规定，解除劳动合同的书面通知合法有效。《劳动合同法》第三十九条第（二）项规定，"严重违反用人单位规章制度的，用人单位可以解除劳动合同"。第四条规定，"用人单位应当依法建立和完善劳动规章制度，保障劳动者享有劳动权利、履行劳动义务"。《最高人民法院关于审理劳动争议案件适用法律若干问题的解释（一）》第十九条规定，"用人单位根据《劳动法》第四条之规定，通过民主程序制定的规章制度，不违反国家法律、行政法规及政策规定，并已向劳动者公示的，可以作为人民法院审理劳动争议案件的依据"。从以上规定可以看出，用人单位建立和完善劳动规章制度既是法律规定的义务也是权利。只要规章制度制定的程序和内容合法并向劳动者公示的,该制度就可以作为用人单位解除违反单位规定的劳动者的合同依据,也是审理劳动争议案件的依据。

二是解除严重违反用人单位的规章制度的工伤职工的劳动合同,用人单位应否给职工支付工伤保险待遇的问题。国家制定《工伤保险条例》的宗旨之一就是为了保障因工作遭受事故伤害或患职业病的职工获得医疗救治和经济补偿。因此,在职工发生事故伤害,认定为工伤后,受伤职工应无条件依法享受工伤保险待遇,而不是以职工不违反劳动规章制度为前提条件的。同样,在工伤职工解除或者终止劳动合同时,由于工伤职工的劳动功能受到一定的影响,这对劳动者今后就业和获得劳动报酬带来了一定的不利因素,并且,有的工伤职工今后还需要接受进一步的治疗。为此,《工伤保险条例》第三十六条、三十七条规定,在解除或终止劳动者劳动关系(合同)时,由用人单位支付一次性工伤就业补助金和一次性工伤医疗补助金。所有这些规定都是对于工伤职工保险待遇的特殊规定,不管解除或者终止劳动合同的理由是什么,用人单位都不能对抗此规定。

案例九十九

两倍工资罚则到底适用"无过错"原则还是适用"过错"原则

案情简介

冶某于 2009 年 1 月到某公司上班。工作半个月后,公司通知冶某,双方需要签订书面劳动合同。想到自己以前曾经因提前解除劳动合同而支付了 500 元的违约金,冶某从内心不愿意与公司签订劳动合同,公司与其协商了很长时间仍无结果。由于当时公司面临用工荒,考虑到冶某是高级工,公司害怕其不辞而别,于是将签订劳动合同的事暂时搁置在一边。2010 年,公司因停产同冶某解除了劳动合同。冶某要求公司根据《劳动合同法》的相关规定，向其支付未签订书面劳动合同的两倍工资，遭到单位的拒绝后，冶某向当地劳动争议仲裁委员会提出仲裁申请。劳动争议仲裁委员会经过审理，裁决支持了冶某的请求。公司不服劳动争议仲裁委员会的裁决，认为未签订书面劳动合同的主要原因在于冶某，公司不存在过错，于是公司向人民法院提起民事诉讼。

判决结果

人民法院审理后，判决驳回了公司的诉讼请求。

评析

对于"未签订劳动合同支付两倍工资"的性质，一般认为是用人单位不履行与劳动者签订劳动合同的法定义务，应当承担侵权行为的过错责任，还是属于特殊侵权行为，适用无过错责任原则呢？

一种观点认为，对于未签订劳动合同的两倍工资罚则的适用原则，还应兼顾用人单位是否存在主观过错，审查用人单位是否履行了诚信协商义务，比如用人单位有无提交劳动合同文本、发送协商邮件、签订劳动合同的公示等意思表示。而对于出现以下三种情况导致没有及时签订、续签合同，用人单位无过错的，可以不承担法律责任：①劳动者拒绝签订、续签；②协商过程缓慢导致未及时签订、续签；③客观情况发生重大变化难以及时签订、续签。一些地方法规规定用人单位超过1个月未与劳动者订立书面合同的，是否需要支付劳动者两倍的工资，应当考虑用人单位是否履行了诚实磋商的义务以及是否存在劳动者拒绝签订等情况。如用人单位能举证证明未签订书面劳动合同系劳动者一方原因引起的，用人单位无须支付两倍工资。由此可见，上述相关规定均采用过错责任原则。

另一种观点认为，本案中，劳动争议仲裁委员会的裁决并无不妥。综合《劳动合同法》第十条、第八十二条，以及《劳动合同法实施条例》第六条的规定，法律强调用人单位应以书面形式确定与劳动者之间的劳动权利义务关系。因此，只要在劳动关系存续期间，双方没有书面劳动合同，用人单位就应当承担支付劳动者两倍工资的法律责任，而无须对"没有订立劳动合同"追究是因何方原因导致的，即无须对此进行主观过错上的判断。而对于未签订书面劳动合同的事实，用人单位往往会提出很多理由，如工作太忙疏忽了、单位改制、管理人员变动未顾及，劳动者拒绝签订或者续签等，以此对抗劳动者两倍工资的损害赔偿请求权。因此，这些抗辩不能成立。立法设立两倍工资请求权的目的，在于加大用人单位的法律责任和违法成本，促使用人单位与劳动者签订劳动合同。如劳动者拒绝签订劳动合同，用人单位可以不予聘用。用人单位没有履行这些义务，则相应承担法律责任。

当然，用人单位因不可抗力未及时签订劳动合同的，则不在此列。所谓不可抗力，是指不可预见、不可避免、不可控制的事实，包括自然事实如地震、海啸、火山爆发、战争等。由于不可抗力导致用人单位未及时签订书面劳动合同的，可适用民法上的一般性免责条款，而无须承担法律责任。

案例一〇〇

社会保险造假要承担法律风险

案情简介

古某是 A 公司的技术经理，2010 年 9 月辞职后，来到某地从事某产品销售工作。为了能够在某地安身，并且把家人接来一起生活，古某就想在该地购买一处住房。但是，经过咨询，古某发现根据该地当时的房产政策，像他这样的外地户籍人员，如果要在该地购房，必须提供一年以上的该地纳税证明或者缴纳社会保险费的证明，否则不能够获得购房贷款。这下可难坏了古某，他原来工作时攒下了 300 000 元，如果能够在该地贷款，就能买一套房子。可是自己刚刚来到该地，怎么可能提供一年以上的该地纳税证明或者缴纳社会保险费证明呢？正在古某一筹莫展之际，2010年 10 月，一位多年前的老同事李某给他打来电话。原来李某几年前从原公司辞职后来到该地，自己开办了 B 公司。于是，古某就向李某求助，希望李某能够帮助办理其在该地一年以上纳税证明或者缴纳社会保险费证明。李某经人指点，告诉古某与他自己的B公司签订自2009年3月至2010年12月的劳动合同，然后让古某到人力资源和社会保障部门举报B公司没有为其缴纳社会保险费的行为。经过李某授意，该公司配合地承认没有为古某缴纳社会保险费的"事实"。因此，古某如愿以偿地补缴了一年多的社会保险费。

然而，正当古某沉浸在购房喜悦的时候，却意外地接到A公司所在地劳动争议仲裁委员会的案件受理通知和开庭通知。原来古某离开A公司时，曾经和A公司签订过一份《竞业限制协议》和《保密协议》。其中约定古某在离职后两年内，不得在包括其现所在地在内的重点城市从事与A公司业务相关的工作，否则需要支付违约金。因此，A公司以古某违反《竞业限制协议》和《保密协议》为由，向劳动争议仲裁委员会提出仲裁申请，要求古某赔偿损失。其持有的主要证据就是B公司为古某缴纳社会保险费的证明。

仲裁结果

劳动争议仲裁委员会经过审理，裁决古某和B公司连带赔偿A公司各项损失共计30 000元。

评析

根据现行劳动保障法律法规，用人单位与劳动者签订劳动合同后，双方就建立了劳动关系。用人单位自用工之日起，应当依法为劳动者缴纳社会保险费。因此，如果确因用人单位没有缴纳社会保险费，只要劳动者能够提供与用人单位建立劳动关系的证明，比如劳动合同、社会保险费证明、工资发放记录、个税代扣代缴证明等相关文件，就能够要求用人单位为劳动者缴纳社会保险费。

本案中，古某在李某的配合下造假虽然成功，但是法律风险也由此产生。社会保险造假的法律后果是：①造成事实劳动关系。缴纳社会保险费是证明双方存在劳动关系的重要依据之一，而是否签订劳动合同等举证责任则在于用人单位。如在没有签订劳动合同的前提下因社会保险缴费造假而引起劳动关系确认纠纷，双方将构成事实劳动关系。②承担工伤待遇等法律责任。单位帮助造假者提供的用工证明、未缴费的说明、补缴申请等，不仅证明彼此之间劳动关系的客观存在，而且还可能在补缴程序完成之前使用人单位面临法律风险。《工伤保险条例》第六十二条第二款规定，"依照本条例规定应当参加工伤保险而未参加工伤保险的用人单位职工发生工伤的，由该用人单位按照本条例规定的工伤保险待遇项目和标准支付费用"。在造假人员发生可认定工伤伤亡的情形下，用人单位必须承担责任。③承担解除或者终止劳动关系的经济补偿金。根据《劳动合同法》第三十八条规定，"用人单位有下列情形之一的，劳动者可以解除劳动合同：未依法为劳动者缴纳社会保险费的"。在未及时完成补缴程序的情形下，造假者可以要求用人单位按照《劳动合同法》第四十七条的规定支付经济补偿金。

  本案中，由于古某和A公司签订过《竞业限制协议》，而为古某补缴社会保险费的B公司恰恰从事的业务和A公司从事的业务相同，这就构成了古某违反竞业限制协议义务的事实。同时，古某还需遵守保密义务，一旦发生泄密，古某和B公司就要承担连带赔偿责任。如果古某提出劳动争议仲裁，B公司还有可能支付古某在职期间的工资和解除劳动合同的经济补偿金等。

参考文献

[1] 程延圆. 劳动争议案例. 北京：中国劳动与社会保障出版社, 2009.
[2] 蒋勇. 典型劳动争议案例评析. 北京：法律出版社, 2000.
[3] 郭娜, 王敏, 等. 劳动争议纠纷案例答疑. 北京：中国法制出版社, 2008.
[4] 姜颖. 劳动争议处理教程. 北京：法律出版社, 2003.
[5] 孙万胜. 劳动争议审判手册. 长春：吉林人民出版社, 2003.
[6] 苏倩. 如何处理劳动争议. 北京：北京大学出版社, 2004.
[7] 王淑焕. 劳动争议法律问题解答. 北京：中国计量出版社, 2002.
[8] 刘学民. 劳动争议仲裁与诉讼. 北京：人民法院出版社, 2000.
[9] 蒋勇. 典型劳动争议案例评析. 北京：法律出版社, 2000.
[10] 石美遐. 新编劳动争议仲裁案例. 北京：法律出版社, 2000.
[11] 孙德强. 中国劳动争议处理制度研究. 北京：法律出版社, 2005.
[12] 劳仲. 劳动争议案例100个说法. 南宁：广西民族出版社, 2001.
[13] 石雁. 劳动权益维护与劳动争议处理. 北京：新华出版社, 2005.
[14] 曹晓宏. 劳动争议案例评析100. 广州：中山大学出版社, 2009.
[15] 中国劳动保障报, 2009.
[16] 中国劳动保障报, 2010.
[17] 中国劳动保障报, 2011.

后　　记

　　2009年9月，中山大学出版社出版了拙著《劳动争议案例评析100例》，经过反复阅读，总觉得有很多缺憾和不足。书中疏漏和错误不少，选择和撰写的部分案例也不够典型，唯恐误导了读者和有需要帮助的人，但事已至此，也只能如此了。为弥补心中的缺憾，我利用一切时间，又编著了《劳动者权益维护案例评析100例》一书，即将出版发行，很是欣慰。

　　蓦然回首，已是不惑之年。大学毕业参加工作至今，已经走过了25个年头。回顾自己走过的历程，好像还是昨天的事情。22岁参加工作，没有烦恼，没有忧愁，更没有什么担心，全身心投入到工作之中。白天忙工作，晚上还要加班加点，单位从未发过加班工资，自己也从未考虑过什么前程、什么仕途。每当完成领导交办的工作任务，得到领导的表扬和肯定，高兴得像孩子一般手舞足蹈，乐在其中。这样的日子一过便是十几年，欢乐自在不言之中。

　　我1990年开始写新闻报道，并向报纸杂志投稿，一年下来也有数篇"作品"问世。不知从什么时候开始，这些"作品"发表多了，开始有了不过瘾的感觉，觉得"豆腐块"太小了，已经不能满足自己写作的欲望。于是，开始涉猎自己经常关注的劳动和社会保障领域。

　　1992年8月，有幸调入劳动和社会保障局工作，成为一名社保系统的干部，开始接触并逐渐熟悉劳动和社会保障工作。从这时开始，这工作一干就是20年，期间先后服从组织安排，搞过养老保险、失业保险、财务审计、劳动争议仲裁和培训就业工作，从一名对劳动和社会保障工作一无所知的小青年到四十不惑的中年人，并逐步从科员一步步到科长的工作岗位。

　　"知足常乐"这句话伴随我走过了二十几个年头。但是，眼看着身边的同事和同学一个个被提拔走上了领导岗位，官场失意的放弃了公职下海经商，经过10多年的打拼，成了腰缠万贯的老板；而自己整天坐在办公室日复一日的干着日常工作，竟也产生过混日子的想法，觉得这个世界真不公平，感叹自己生不逢时。1993年的一天，偶然碰到了高中同班同学，通过交谈了解了他的一些情况，当年高考时，在分数上线的情况下，由于填写的有关表格年龄超过了仅18天未被录取，便回乡下老家务农，结婚以后育有一双儿女，日子过得十分艰辛。一刹那，我被他的遭遇惊呆了。晚上躺在床上，回想起同学的人生道路，作为公务员的自己，日子过得还好，有什么理由混日子度年月呢？于是，暗下决心，努力干好本职工作，抛弃私心杂念，力争在所干工作领域有所收获。

一分耕耘，一分收获。十几年时间来，我撰写发表了有关社会保险、劳动关系、就业再就业、劳动者维权等方面的文章40余篇、近20万字，发表的论文中，也有数篇分别被省市有关部门评为优秀论文；2004年，担任副主编和同学一起完成了26万字的《静宁史话》一书的编辑工作，已由甘肃文化出版社出版，并被甘肃省地方志编纂委员会评为"全省第六届优秀史志成果"同时荣获文史类二等奖；2005年，我被评为全省地方志工作先进个人；2009年9月编著的《劳动争议案例评析100例》由中山大学出版社出版，2011年1月，被国家新闻出版总署列入"2010—2011年农家书屋重点图书推荐目录"，2011年5月被广东省列为农家书屋工程采购书目，2011年9月被评为平凉市第三届社会科学优秀成果一等奖。

人力资源和社会保障行政工作十分繁杂，自己感觉工作总也干不完。"五五"普法工作开展以来，根据局里安排，我担任市"五五"普法讲师团成员之一，承担全市劳动保障法律法规宣讲培训。为了搞好自己承担的这项工作，我系统学习了《民法》、《民事诉讼法》、《民法通则》、《劳动法》、《劳动合同法》、《就业促进法》、《民办教育促进法》、《劳动争议仲裁调解法》、《劳动合同法实施条例》、《工伤保险条例》、《失业保险条例》等法律法规。在认真学习的基础上，查阅大量的文献资料，分类记录整理学习笔记30多万字，收集精选、撰写劳动保障行政、劳动争议案件300多件，不断积累、丰富自己的法律知识。在此基础上，还积极参与劳动争议仲裁委员会重大与疑难劳动争议案件、劳动保障行政认定案件、行政复议和行政诉讼案件的讨论，为局领导正确决策提供参考意见。近年来，我先后在全市举办《劳动法》、《劳动合同法》、《劳动争议调节仲裁法》、《就业促进法》、《工伤保险条例》等劳动保障法律法规以及劳动者维权知识专题讲座60余场次，培训人员达1万余人，涉及企事业单位职工、下岗失业人员、农民工、大中专院校学生、农村大龄女孩、残疾人和复退军人等。我先后充分利用职业法律工作者的有利条件，发挥自己对劳动保障法律法规较为熟悉和较为丰富的劳动人事仲裁实践经验的优势，先后受市劳动和社会保障局领导的委托，代理出庭应诉劳动保障行政确认案件6起。诉讼期间，认真履行职责，充分准备，精心撰写答辩状、代理词。庭审中，以事实为依据，以法律为准绳，做到有理、有据、有节，有力地维护了劳动保障行政部门的行政权利，较好地完成了诉讼代理任务。多年来，先后免费为部分农民工、下岗失业人员提供了法律帮助，代写《劳动争议仲裁申请书》100余份、民事诉状60份、答辩状40多份；免费代理劳动争议仲裁案件26件，代理民事诉讼案件22件。2006年，被市人民政府评为"全市政府法制工作先进个人"，被市劳动和社会保障局评为"先进工作者"；2008年被省劳动和社会保障厅评为"全省职业技能鉴定先进工作者"；2009年被市劳动和社会保障局评为"全市职业技能鉴定先进工作者"；2011年被市人力资源和社会保障局评为"优秀共产党员"。

人力资源和社会保障工作是民计民生工作的重要组成部分，涉及方方面面，这一工作政策性强、工作量大、任务非常繁重，直接面对是各类弱势群体，因而我们肩负的重任可想而知。近几年来，党和政府十分关心人力资源和社会保障工作，从中央到地方，近年来都投入了大量的人力、物力和财力。广大群众都十分期盼着社会保障能够尽快实现全覆盖，我们的工作任重而道远。

本书所选劳动者权益维护争议案例，除由本人撰写外，部分来源于《中国劳动保障报》等各类报纸、杂志和网络，由于资料收集的时间跨度大，未能一一注明出处，涉及的资料已在参考文献中列出。在本书出版之际，向上述资料作者及出版单位表示真挚的感谢。为使案例结构一致，对部分案例的结构进行了调整和改写，使案例的结构前后保持一致，内容更加清晰和完善。由于作者学识、能力所限，错误肯定不少，敬请读者批评指正。

　　平凉市市委常委、秘书长李雪峰为本书书写了"依法维护职工合法权益,全力构建和谐劳动关系"的题词;平凉市委组织部副部长、市人力资源和社会保障局局长、劳动人事争议仲裁委员会主任樊文浩在百忙之中对书稿进行了审阅,并为本书撰写了序言;劳动人事争议仲裁委员会副主任刘刚多次过问书稿的编撰,并给予指导;平凉市司法局副局长陈玉梅对全书进行了审阅,并对全书稿进行了修改;静宁县委党校高级讲师吴川会对书稿进行了审阅,提出了很好的修改意见。在此,对他们付出的辛勤劳动表示衷心感谢。

　　谨以此书,作为我献给父母、妻子儿女的一份礼物。感谢我父母多年来对我的培养和教育,感谢妻子对我的理解和帮助,感谢我的孩子刻苦学习的精神带给我写作的动力。我还要感谢单位领导,他们的鼓励和支持,进一步激发了我工作的动力。还要特别感谢中山大学出版社的编辑王睿为本书的出版所付出的辛勤努力。虽然,用"感谢"二字不能完全表达我心中的感激之情,但是,我还是要再次用"感谢"二字,感谢一切对我有帮助的人们。我深深地感谢。

2011 年 4 月

曹晓宏